Masuno Shunmyō
枡野俊明

對錢好一點

讓金錢流動，為你創造想過的生活

郭清華——譯

人生の流れが美しくなる
禅お金の作法

各界推薦

人們努力追求金錢是為了達成目標，還是為了滿足內心空虛？享用珍饈、購買名車是為了實現人生幸福還是想讓外人羨慕？這些都是大部分人感到困惑不解之事。

不過分追求金錢正是學會克制慾望，掌握人生。期盼本書中充滿禪意的金錢使用法，可以幫助你從痛苦的金錢慾望漩渦中脫離，並且學會透過捐獻金錢的方式來讓社會更加美好。

——**Jet Lee**／Jet Lee的投資隨筆版主

我們總是煩惱著錢賺不夠多，不能買下所有想要的東西，過著理想的豐盈生活，但真的只有「很多錢＝富足生活」的選項嗎？最溫柔、有智慧的日本和尚枡野俊明，將從僧侶的角度娓娓道來我們可以如何看待金錢、使用金錢，擺脫對金錢的煩惱。其實就算錢不多，一樣可以過著無比滿足的生活，只要我們抱持著知足、簡單的心就夠了，推薦給所有為錢煩惱的人們。

——**Kasin**／極簡生活家

如何投資理財，近年在臺灣不分老少都樂在其中，關於錢的議題總能勾起人的好奇心，但錢之於人是什麼樣的關係，我們似乎不曾認真思考過，努力工作賺錢，再把錢花在滿足自己的慾望上，這樣的消費循環真的有意義嗎？

藉由枡野俊明老師充滿禪味的文字，我們可以反思自身的金錢觀與人生，不用無止境地追求大富大貴，其實幸福一直都很簡單。

——**30節約男子**

一個人內在的品質，會影響他和金錢的關係。我們常常以為現在過得不好，是因為時運不濟、錢賺太少，甚至認為只要有錢，眼前的問題都能解決。但只要人生夠長，一定會發現即使錢賺得比較多，舊的煩惱消失，新的煩惱卻會立刻替補。

一個對內在有所覺察的人，就會意識到金錢問題並不在錢的多寡，而是「態度」。而這本書的珍貴之處，就在於它分享什麼樣的「態度」可以帶給我們富足，也就是和金錢相處的幸福之道。

——**柚子甜**／心靈作家

你想要的是金錢本身，還是金錢能夠替你解決煩惱的狀態呢？如果沒有覺察到這一點，容易對金錢產生強烈的執著。即使坐擁財富，也可能為了守護金錢而處處操心，甚至將物質視為金錢的延伸，無法客觀地評估需要、適合與否，只是固執地想抓住每樣東西。

握緊的拳頭裡是空無一物，放開手卻能得到一切。最無敵的不是富有，是知足。只要內心感到豐盛，每一筆付出都是收穫，因金錢產生的擔憂似乎也隨之消散了。

——**整理師Blair**

本書作者是理應對金錢無慾的僧侶，卻以「禪」一針見血看出金錢跟人生的關係。

其中，對於普世常見問題：「為什麼常常覺得錢不夠用？」作者指出兩個原因：

1. 從沒有想過：「想過怎樣的人生？真心喜歡的事物到底是什麼？」結果浪費金錢在對人生沒意義的事物上。
2. 沒辦法看清楚當下用錢的優先順序，於是將有限的資源亂撒一通，導致所有目標都只能半途而廢。

其實只要開始整理家中物品，從中找出對你最重要的物品，就是這兩個問題的解方。

——**整理鍊金術師小印**／《財富自由的整理鍊金術》作者

很久很久以前，某個村子裡有兩個養牛人。

其中一個養了九十九頭牛，過著富裕的生活。但是，他卻不滿足這樣的生活。

因為既然已經有九十九頭牛了，所以他希望再多養一頭牛，變成有一百頭牛。

他想：如果有一百頭牛的話，自己一定會變得很幸福吧！

另一個養牛人的家裡，只養了三頭牛。這個養牛人生活得非常滿足。有三頭牛就足夠過生活了，他覺得自己是何等的幸福呀！他在感覺到幸福之中，和妻子二人謹慎謙恭地過著每一天。

有一天，養了九十九頭牛的人去拜訪只養了三頭牛的人，並拜託他：「我家雖然養了九十九頭牛，但是生活很苦，如果不再多養一頭牛的話，會很麻煩的。你可以讓一頭牛給我嗎？」

被拜託的養牛人想：三頭牛裡讓一頭給他的話，生活應該不會因此變苦吧？好好地養二頭牛的話，我們夫婦二人還是可以過生活！於是，他便讓了一頭牛給已經養了九十九頭牛的養牛人。

得到了第一百頭牛的養牛人非常滿足地回家了。他覺得自己很幸福。

但是，那種幸福感只維持了很短暫的時間。不到一個星期，這個養牛人的心裡有了新的慾望。他想：

「一百頭牛還是不夠呀！還需要再增加五頭牛。一定要有一百零五頭牛，才會有幸福。」

好了，看到這兩個養牛人故事，您覺得幸福的養牛人是哪一個呢？

目錄

前言

使用金錢的方法，就是映照著我們內心的一面鏡子

有錢就幸福嗎？ 018

錢與人生必定在某個地方有連結 021

讓我們重新從「金錢」審視自己的生存方式！ 024

CHAPTER 1

金錢是流動的東西

禪教導我們「金錢」為何物 028

禪教導我們要有「知足」之心 028

強求沒有的東西，只會讓人心生不滿與壓力 028

珍惜、善用手邊的東西 030

不要把金錢留在自己的身上，要讓金錢流動 032
我們生活在互相關連的世界裡 032
讓錢財流動，就是讓緣分流動 036
讓心靈感到真正滿足的用錢方法 038
某對夫婦的奢侈 038
即使只有少少的錢，也能過得非常幸福而且擁有心靈豐滿的人生 040
東西用完就丟，等於把心用完就丟 043
一枝筆成為我的身邊之物，也是緣分使然 043
小念想是人生大念想的連接點 046
沒有因為「獨贏」而幸福的人 049
幸福來自人與人的相互關連 049
幸福的人與幸福的引導者 052
懷著喜捨之心過生活 054
同時奉獻出私念與香油錢，那才是真正的喜捨 054
人人都有喜捨之心 058

CHAPTER 2

「使用錢的方法」，一定會反映在人生上

使用錢的方法、使用的時間、對待錢的方法 062

什麼叫做「會用錢」？ 062
什麼是「讓心靈豐富的用錢法」？ 062
用錢的方法反映了人生的姿態 065

節儉的生活與簡單的生活看似相同，其實不然 068
使用便宜的東西，過節儉的生活 068
簡單的飲食讓身體變美好 070

用錢也有優先順序 074
現在，「你最重要的東西」是什麼？ 074
人生「最重要」的東西，是會推移變化的 077

錢的用法也有「非平日與平日」之分 079
什麼是「緊弛有度」的用錢法？ 079
以愉快的心情使用錢，有助於人生與人際關係 082

精簡錢包的內容，就不會有浪費性的支出 085
因為看到了「那個（東西）」，所以變得想要 085
瘦身的錢包就是你自己的心 088
真正的喜歡是不會計算得失的 090
興趣與工作的比率是一比九 090
用單純的心去對待「非常喜歡」的事物 093

CHAPTER 3

錢是連結你與社會的途徑，不要讓這條途徑堵塞了

關於錢與工作、人、物的關係

對你而言，工作是什麼？ 098
人與人的關連，是錢無法取代的 098
決定人生好壞的東西不是金錢 100
工作並非只是為了賺取金錢 103

工作可以豐富人生 103
因為努力而得到的經驗，一定可以成為我們的財富 105
外出的時候只攜帶最少量的必要物品 109
為什麼沒有拿著東西，就覺得心裡空蕩蕩的？ 109
「或許是必要」的東西，有九成是沒有必要的東西 113
期待回報的人生，終將讓我們的心變得貧乏 115
不要把「give and take」的想法帶入人際關係中 115
人生的收支表總是曖昧的 118
首先，你試著放手百分之一了嗎？ 121
物慾癖治得了嗎？ 121
無私心而放手的錢，一定會再流轉回來 124
與金錢價值觀差距太大的人結婚，生活會很辛苦 126
對金錢的價值觀，就是自己的生活方式 126
在開始之前，就應該知道彼此不能讓步的底線 128

重新評估多餘的交際費吧！ 131
一百個朋友不如一個可以打從內心信賴的朋友 131
無謂的交際不僅浪費金錢，也浪費了寶貴的時間 134

CHAPTER 4

不要被錢左右，不要因錢而動搖，把持住自己的軸心

如何與物慾、執著相處

整理分散在內心各個角落裡的物慾的簡單方法 138
你現在想要的東西，確實是必要的東西嗎？ 138
瞭解什麼是「重要的東西」，人就會覺得幸福 140

為什麼因為錢而感到不安？ 144
因為過去的事物或還沒有到來的事物而操心，是沒有意義的事 144
確實面對不安的瞬間，不安就消失了 146

控制慾望的簡單方法 149

在第三次的時候，才下手買想要的東西 149
像風帶走雲一樣的，讓慾望消失吧 153
因為虛榮心而花錢了嗎？ 155
不恰當的用錢方法，只會讓自己後悔和自我厭惡 155
和自己比，不要和別人比 158
給自己立下使用錢的「清規」吧 160
盡量不要刷卡買東西 160
如果能控制得了自己，就不會被慾望左右 163
比起「獲得」的喜悅，「失去」的恐懼更讓人不安 165
有錢卻離幸福很遠的生活 165
漸漸散去手中多餘的東西吧！ 168
太在意世上的平均或常識了嗎？ 171
「平均」或「普通」，是沒有實體的 171
幸福不在數字裡，而是在心裡 174

CHAPTER 5

更深入地瞭解日本的心、禪的心

關於真正的「富有」 178
對幸福而言，區分優劣是毫無意義的事 178
就算只有不多的錢，也很好 181
錢多、錢少都很好 183
主人的用心與客人禮貌 183
「招待客人」是招待客人的心 183
不管是主人還是客人，都要有體貼對方心意的心 185
你的幸福空間有多大？ 190
每個人都有讓自己感到恰如其分的舒適範圍 190
幸福就在老老實實地向前邁一步之內的地方 193
有形的東西會留下來，但不是留下財產 196
留在心裡的兩個葬禮 196
要如何留下自己活過的證明 198

何謂真正美好的飲食 202
表現日本人內心之美的飲食 202
與身心之美息息相關的飲食 205
試著選擇一下不便利的生活！ 208
因為選擇便利而失去使用身體機能的現代人 208
不要依賴物質，要依賴自己本身的力量 211
沒有錢與不幸福，是截然不同的兩件事 214
發現幸福的捷徑，就隱藏在「負面」的背後 214
幸福不會以金錢或物質的形象存在 217

結語

錢不過是為了讓人生過得更豐富的道具 219
「金錢」到底是什麼樣的東西？ 220

前言——

使用金錢的方法，就是映照著我們內心的一面鏡子

有錢就幸福嗎？

首先，我想請問讀者們兩個問題。

第一個問題：「**你現在想要多少錢？**」

第二個問題：「**你為什麼想要那些錢？**」

為了生活在這個社會裡，錢是少不了的東西。還有，為了滿足種種慾望，所以需要錢。大家是因為這樣的想法，所以才想要錢的吧？

「沒有錢也可以活下去。」

「我完全不需要錢。」

或許各位當中也有人會這樣說。但是，我總覺得那不是內心裡的真話。其實，想要得到金錢並不是會被責備的事情。

那麼，我為什麼要問這兩個問題呢？因為我認為一個人對待金錢的態度，與那個人的生活態度有很大的關係。

本書一開始所說的兩個養牛人的故事，目的就是想表現他們對錢的想法。一個人對錢的想法，或許就是可以反映出那個人人生的鏡子。就是因為這樣，所以我提出了那兩個問題。

那麼，現在來談談第一個問題！關於這個問題，應該會有很多種回答吧？

「錢當然是愈多愈好。能夠拿到手的東西，就要盡量拿到手。」有人如此回答。

「至少要有現在薪水的兩倍，那就好了。」也有人如此回答。或許也會有人說：「現在這樣就足夠了。」

當然，這個問題並沒有所謂正確的答案。因為不管你的回答是什麼，都不會被責備或懲罰。只是，我們可以從那些不一樣的回答中，窺視到不一樣的人生態度。

直接表現出慾望，只想著滿足慾望的人生；覺得只要有錢就可以變幸福的人；明明已經有足夠的收入，卻總是不滿足地抱怨人生的人。在第一個問題的前面，塞滿了各種不同人生觀。

再來看第二個問題的回答！

為什麼那麼想要錢呢？要拿來做什麼用嗎？這個問題也會有各種不一樣的回答！

「因為有很多錢的話，就可以不用擔心未來」、「因為我想過更奢侈的生活」或「我想買可以向別人炫耀的東西」等等，種種不同的回答。

那麼，請各位再一次認真地想想自己的回答吧！「有了很多錢以後，就真的不必擔心未來嗎？」、「過著比現在更奢侈的生活這件事，對自己來說，到底是怎麼樣的生活呢？」、「向別人炫耀是自己的人生目標嗎？」

請再一次面對這兩個問題，然後想想自己的回答。何者才是內心的真正想法？真的只要有錢就能幸福嗎？執著於「金錢」這個東西，生活在可以隨意滿足自己慾望中的情況。在那樣的人生裡，你會有真正充實的感覺嗎？

對於這個問題，我無意否定什麼。因為否定這個，與否定你的人生是有關連的。而我，無權否定任何人的人生。所以我才希望各位要認真地想想自己的回答。

錢與人生必定在某個地方有連結

有時我也會被問到類似的問題。例如說：

「住持先生，請問你對金錢有什麼看法？你是和尚，和尚不會想和金錢有關的事情吧？」

對視修行為人生的僧侶來說，不能有被金錢綑綁的想法。僧侶的修行不是為了賺錢。僧侶要親自走在修行成佛的路上，並把自己的經驗傳遞給世人。走在這條修行道路上的人，不可以在意以金錢為代表的「報酬」。

從前的僧侶有不能娶妻生子的不成文規定，並且過著一生獨身，一心修行的生活。還有，以前的僧侶自己下田耕作，以收穫的作物維生，偶爾也靠施主們的支援。

僧侶們有時也上街托缽化緣，但托缽並不是為了募集金錢。對生活在市井中的人們來說，僧侶們的托缽，是在展現自己的修行，所以不會有很多物質上的收穫。

但市井中的人們有時即使想到寺廟去參拜，卻迫於生活的繁忙，想去也去不了。所以僧侶上街托缽唱誦經文，其實就是代替不能進寺廟的市井之民，在街上唱誦經文。

「謝謝代替我唱誦經文，也請代替我把這點錢，帶到寺廟裡吧！」市井之民就是以這樣的心情，把金錢捐獻給寺廟。這就是僧侶托缽的意義。

修行的僧侶、和尚們沒有多餘的慾望，因為一心只在掃除纏身的煩惱，心中不能抱持任何慾望。飲食方面也謝絕魚、肉，貫徹一湯一菜的原則，因此，僧侶的生活是不需要金錢的，只要有可以維持生活的最基本物質就可以了。任何超過最基本的物質，都是沒有必要的，這就是做為僧侶的人生。

但是，隨著時代的改變，日本從明治時期開始，便允許僧侶可以娶妻生子。所以，對今天的日本人來說，雖然是和尚，結婚生子、組織家庭，也是理所當然的事。有了家庭以後，僧侶為了維持家庭的生計，金錢就變成必需品。

我自己也有家庭，為了家人的生活，我也需要金錢。孩子們也需要繳學費，並不因為他們是和尚的孩子，就可以不用繳學費。只要是生活在現代的社會裡，為了過著和別人一樣的生活，就會有和別人一樣的金錢支出。

只是，我個人還是維持過僧侶的生活。確實，為了維持家人的生活，和與我在一起修行的和尚們的生活，金錢還是不可少的東西。不過，我所需要的金錢是只要有可以維持基本的生活就可以了。

那麼，前面提出的兩個問題，我自己會怎麼回答呢？

若是「你現在想要多少錢？」我的回答是：「只要可以和家人一起生活，與養活和尚們的錢。」「你為什麼想要那些錢？」則是：「為了可以生活下去。」除了這樣的回答外，我不會有別的回答。

讓我們重新從「金錢」審視自己的生存方式！

本書的主題是「錢」。對僧侶們來說，我認為這是一個困難的題目。不知道經濟學者們或經營者們會做何回答？但對僧侶們來說，這是一個相當有距離的題目。

不過，我也想過，一個人對待金錢的方式，與對金錢的想法，不就是反映了那個人的人生嗎？一個人的人生是否美好的本源，或許就隱藏在那個人對金錢的價值觀裡面。錢與人生之間，必定在某個地方有所連結。正因為我有這種感覺，所以我想試著挑戰一下這個困難的題目。

「你想要多少錢？」

「為什麼你想要那些錢？」

我想這本書裡，將會不斷地出現這兩個問題，我也想和讀者們一起來思考這兩個問題的答案。

我希望這是一本透過金錢，來重新檢視自己生存之道的書。如果能達到這個目的，那真的是萬幸。

建功寺方丈 **枡野俊明** 合掌

平成二十八年三月吉日

CHAPTER

1

金錢是流動的東西

禪教導我們「金錢」為何物

禪教導我們要有「知足」之心

強求沒有的東西，只會讓人心生不滿與壓力

禪語裡有一句名言叫做「知足」。所謂的知足，就是知道滿足。你是否認為自己現在所擁有的東西已經足夠了呢？是否覺得滿足了呢？是否覺得滿足這件事，將會改變你心的狀態。

然而人的慾望，卻很難允許知足的存在。讓應該已經滿足的事情，卻不知怎麼的，就是讓人覺得有所不足，明明手裡已經抓著一個東西了，心裡卻還想要再來一個。慾望就是這麼麻煩的東西。

這樣的慾望讓我們忘了滿足這件事，讓我們的眼睛只看得到覺得不足夠的東西。那讓人覺得不夠的東西總是在眼前閃爍個不停，不想要都不行。可是無論如何就是要不到。小小的不滿足感不斷地累積之後，終有一天會變成讓堤防潰決的大洪水。這就是由慾望產生的，毫無意義的壓力。

以每個月二十萬日幣的薪水來做例子！如果你是一個人過生活，每個月有二十萬日幣的薪水，應該是相當足夠。這樣的薪水或許不能讓人過奢侈的生活，但絕對不會有無法維持生活的困窘。也就是說，那是一種「足夠」的狀態。

但是，當習慣了二十萬日幣的薪水後，就會變得不能滿足每個月薪水只有二十萬日幣這件事，會希望「再多個五萬日幣吧」，或許還會想：如果每個月薪水是三十萬日幣，就可以過更好的生活了。

那麼，我想問：你想怎麼使用那多出來的五萬呢？有二十萬的話，生活就可以得到滿足，所以說那五萬日幣是多出來的錢。「想上高級餐廳」、「想買新的包包」、「想變化一下房間的裝潢」……五萬日幣確實可以有很多用法，或許可以帶來一時的快樂。

但我想再問：花五萬日幣去高級餐廳，買到一個新包包，真的會給你幸福嗎？

那些事物確實會帶來一時的幸福吧！一點點的奢侈也會讓心情感到愉悅！但是，別忘了，那樣的幸福或愉悅，都是短暫的。

開始去高級餐廳時，確實能得到滿足感。但是，當上高級餐廳成為日常生活的一部分後，新鮮感所帶來的幸福便會消失了，這時就會想去更高級的餐廳。買來的新包包，在三個月後就變成中古品。並不是包包本身變成中古品，而是那個包包在你的心中已經成為中古品。

對一個東西失去新鮮感，就會想要新的東西。也不管那曾經是好不容易才買到「覺得不夠」的東西，馬上又有想要買的新的「覺得不夠」的東西。這樣的情況反覆出現的結果，就是心永遠也不能得到滿足。

珍惜、善用手邊的東西

雖然覺得現在擁有的金錢已經足夠，但卻想著如果再有五萬或十萬，那就更好了。但是，在真的得到五萬、十萬之後，還是會繼續說「如果再有五萬或十萬，那就更好了」。

「沒錢、沒錢」，有些人好像把這句話當成口頭禪。明明生活並不窮困，也沒有被追討債務，卻每次見到面，就會訴苦著說「沒錢、沒錢」。聽到這種話，會覺得厭煩吧！

我覺得喜歡說「沒錢、沒錢」的人，一定是即使有錢，也一直覺得不滿足的人。就算已經擁有很多錢，卻還想要更多的錢。這樣的人到底要擁有多少錢，才會覺得滿足呢？

本書開始說的兩個養牛人的故事，就是這個的象徵。

別去要求得到不夠的東西，要珍惜、善用手邊的東西。善加使用手邊的東西、動腦筋去運用那些東西的時間，是非常充實的時間。至少，忍耐「這個不夠、那個不夠」，比創造不滿與壓力，是更具生產力的事情。

與其因為想得到東西而產生不滿足之心，還不如運用想像力，讓現有的東西物盡其用。後者的生活方式應該是更充實、更美好吧？

不要把金錢留在自己的身上，要讓金錢流動

我們生活在互相關連的世界裡

「諸法無我」是佛教的重要思想，也是佛教的根本思想。所謂的「諸法」，意指發生在這個世界上的所有事物。而「無我」，就是我們本身的存在並不代表一切。也就是說，這句話在教導我們「世上萬物因為相互關連而存在」。

即使是開在路旁的一朵花也一樣。乍看之下，那朵花好像是靠自己的力量開花的，但是，只有花本身的力量，是開不了花的。

如果沒有鳥之類的力量，把種子帶到那個地方，沒有土壤供給養分、沒有雨水給它滋潤，種子是開不了花的。因為和周圍相互關連，才能開出美麗的花朵。

所有的動物、昆蟲也一樣，都靠著分享彼此的生命，才能活著。大的動物靠著小動物提供生命而活；小動物們靠花草、昆蟲的生命來延續自己的生命。所有的生命都無法獨自存活在這個世界上。

我們人類當然更是如此。年輕的時候，總會有只靠自己就可以活下去的錯覺，覺得自己能這樣活著，靠的便是自己本身的力量，不需依靠別人也能活下去。

如果生命真的靠自己就能存在，那麼，我要問：你是怎麼來到這個世界的？我們能靠自己的力量，誕生在這個世界嗎？

我們是靠著父母親的姻緣結合，才來到這個世界，並且在很多人的照顧與教導下成長。正因為人與人之間有溫暖的連繫，才能活出現在的模樣。

我們絕對不是只靠自己一個人的力量，就可以活下去。而且依靠的不只是周圍的人，還有大自然與其他動植物的連結，有了與他們連結的種種緣分，我們才能活下來。離開了這些緣分，我們的生命就無法持續，存在的本身也會變得透明化。

我們是因為相互連結活著，千萬不能忘了要珍惜那溫暖的連結緣分之事，而金錢也在這個連結之內。這就是我的想法。

自古以來，寺廟一直是一個地方的中心，村子裡的人有什麼事，就會聚集到寺廟，所以說人們與寺廟的羈絆是很深厚的。

孩子們在黃昏的時候到寺廟玩耍；人們心裡有什麼煩惱，就去寺廟裡找住持商量；有了什麼高興的事，也會去寺廟裡向神佛稟報。村人以寺廟為地方中心，建立起緊密的關連。

來寺廟的村人會捐錢給寺廟。不在乎多寡，再少的錢也可以塞進香油錢箱裡。但是，那些錢並不是屬於寺廟的錢。當然那些錢也會用來整修佛堂或添置佛具，但有時也用在村人的身上。

村子裡有為了金錢所苦的人，譬如有人因為生病不能工作，有人遭受意外災害，而失去賺錢的能力。這種時候，寺廟就會為那些遭遇困難的人，使用香油錢箱裡的金錢。寺廟絕對不會把錢留下來，會為了有困難的人，而把錢拿出來流動。

釋迦牟尼佛總是說要讓金錢流動。敬仰釋迦牟尼佛的人們，幾乎每天不停止地佈施，而釋迦牟尼佛從不把佈施的錢留在身邊，總是把那些錢流轉出去，給有困難的人。不留金錢在自己的身邊，讓金錢像河裡的水一樣流動，這就是「諸法無我」這個想法的展現。

當然，從現實面來想的話，讓流到自己身上的金錢全部流走，是很困難的事吧？而且我們總不能隨時都處於一無所有的狀況！修繕寺廟或殿堂（廟裡的各種建築），及替換佛具等等，都需要金錢！即使是寺廟，也需要某種程度的預備金。但重要的是，「某種程度」是多少？

讓錢財流動，就是讓緣分流動

舉個例來說，考慮到個人的未來時，有個一千萬日幣左右的積蓄，恐怕是必要的吧？那麼，就努力地存錢，存到一千萬。然而，人類是貪婪的，在儲蓄一千萬的途中，會突然產生「一千萬恐怕還不夠，應該要存兩千萬才行」的想法。就這樣，變成一心只想著存錢的事。

到底存多少錢才夠呢？答案可能因人而異，有人認為一定要很多很多才夠，也有人覺得沒有那麼多也可以。

我覺得最重要的，就是設定某個點做為自己的界線。那個點就是自己覺得足夠了，可以定下心的所在。

當然，事實上到底足夠不足夠，誰也不知道。有時儘管覺得足夠了，其實並不夠的情形，或許也是存在的。誰也不曉得未來會如何，百分之一百的存夠錢，到底是不可能的事。

不要一心只知道儲蓄，也要用心讓金錢流動。讓錢流動的意思，並不是鼓勵亂花錢，或無意義地流動金錢，只是在提醒人要常常有讓金錢流動的念頭，並且不要忘了錢是為了某個人而要拿出來使用。

讓金錢流動，也就是讓緣分流動。如果把所有的錢財都留在自己的身邊，那就不會有新緣分的誕生了。

新緣分無法誕生的結果，便是金錢也不會流動到自己的身邊。

請大家再想想看：你能夠得到金錢的原因，其實歸功於緣分。怎麼說呢？因為你和你服務的公司有緣，所以能從公司獲得薪水。如果你是做生意的人，那就是你和客人結緣，所以生意能夠蒸蒸日上。

從這層意義來看，也可以說：和金錢結緣了，金錢自然會流動到有緣的地方。世事就是這麼一回事。

讓心靈感到真正滿足的用錢方法

某對夫婦的奢侈

如何使用金錢，才能讓我們的心靈豐富起來呢？那不是單純滿足慾望地使用金錢，更不是單純的消費行為。能滿足心靈的用錢之道，到底是什麼？

提到這個問題，我就會想起某對夫婦的故事。

我曾在某一本雜誌上，看到一篇讀者投書的報導。某個地方，有一對六十幾歲的夫婦，他們從年輕的時候，就合力做著小生意。因為是非常小的生意，所以生活一直很緊迫。但即使緊迫，他們還是能一起過生活。

這對夫婦沒有孩子。想到上了年紀之後，沒有別人可以依靠，也沒有力氣繼續做小生意，就會沒有收入過生活，於是一點一點地儲蓄著，從來不敢有奢侈的想法，也很少在外面吃過一餐飯。

某一年的十二月，很難得地他們的手頭多出一萬日幣。

平常的話，這一萬日幣當然會像往常一樣的儲存起來，但這一次先生卻向太太表示要帶她去外面吃飯。因為這一年的十二月正好是太太的六十歲生日，他從來沒有送給太太生日禮物，太太也沒有抱怨過。對這麼一個任勞任怨的妻子，這位先生覺得至少要讓妻子稍微奢侈一次。

或許有人覺得兩個人的晚餐只用一萬日幣，這個金額並不多，但對這一對夫婦來說，一萬日幣的晚餐是很奢侈了。一個人五千日幣的料理，那可是只有在想像中才吃得到的食物呀！所以夫婦兩人當天從早上起，就開始想著要穿什麼樣的衣服去吃飯，整天都很興奮。

即使只有少少的錢，也能過得非常幸福而且擁有心靈豐滿的人生

收拾完當天的工作後，黃昏時兩人一起去了鄰近的市鎮。搭乘電車只要五站，那裡有很多商家，他們以前也去過幾次，但從來沒有在那裡吃過飯。

街上燈光明亮，各式各樣的商家一間連一間，其中有義大利餐廳、法國餐廳，也有門面非常漂亮的日本料理店，和顯得金碧輝煌的中國菜餐廳。兩人一邊看著擺放在餐廳門口的菜單與價位，一邊來來回回地走了好幾條街。

準備了一萬日幣的他們，可以走進市鎮裡的任何一家餐廳。先生對太太說：「吃妳喜歡的吧！選哪一間餐廳都好。」於是妻子便說：「我想吃拉麵。老公，你也喜歡吃拉麵吧？」

就這樣，夫婦兩人走進一間拉麵店。那是一間夫婦住的小鎮裡也會有的，看起來有點陳舊的拉麵店。

他們點了拉麵和煎餃，還有一瓶啤酒，他們很少在外面喝啤酒。雖然只是

這樣，但對這對夫婦來說，已經是奢侈的一餐了。

「這裡的拉麵真好吃！是吃過的拉麵裡最好吃的。」妻子非常開心地吃著拉麵與煎餃。

「真的在這樣的店裡吃就好了嗎？」

丈夫問妻子。妻子回答說：

「進了高級的店，也不知道要點什麼才好。與其吃得不自在，還不如和老公你這樣一邊笑一邊吃的好。這樣食物才是最好吃的。」

夫婦兩人在拉麵店正好吃了兩千日幣。預算的一萬日幣扣掉這兩千日幣後，還剩下八千日幣，兩人都因此覺得很高興。

「還有八千日幣，下次老公生日的時候，還可以再來這裡吃拉麵。」

做了這樣的約定後，夫婦兩人便走向回家的車站。

一到車站，就看到幾個小學正在為車禍的遺孤進行募款活動。小學生們拿著募款箱，大聲喊著「請幫助因為車禍而失去家人的孩子」。他們一定覺得：那些孩子多麼可愛呀！若自己有孫子的話，一定也是這麼可愛的吧！

夫婦兩人想著相同的事情。妻子看著丈夫，丈夫什麼話也沒有說地點點頭，然後一起走到孩子們的前面，把那八千日幣塞進了募款箱。其中一個女孩露出驚訝的表情，然後不斷地鞠躬道謝。

坐在搖搖晃晃的電車裡，丈夫對妻子說：「今天真好！」

妻子回答：「是呀！拉麵真的非常好吃！明天起我們也努力工作吧！」

他們微笑地看著彼此。

這對夫婦現在或許已經不工作，也或許出發到另一個世界了。不知道他們晚年的生活如何，但我相信他們夫婦一定擁有豐富心靈的晚年生活。真的，只是少許的錢，也能過著非常幸福的生活呀！

東西用完就丟，等於把心用完就丟

一枝筆成為我的身邊之物，也是緣分使然

在物資豐富的現代，有很多東西被用過後，就遭到丟棄的命運。但以前缺乏物資的時候，任何一件手邊的東西，都被非常珍惜地謹慎使用著，即使有點壞了，也不會馬上去買新的東西來取代。一定是盡量地一邊修理，一邊小心地繼續使用。

因為便宜，所以用過就丟也沒關係；雖然還可以使用，但價錢不貴，所以

又買了新的來替換。雖然還可以使用，但因為舊了，所以就輕易丟棄。你有這樣的習慣嗎？

我認為這不是東西便宜或貴的問題。不管是多便宜的東西，那東西會來到自己的身邊，就是和自己有緣。

即使是一枝已經可以大量生產的原子筆也一樣。擺在商店架子上的原子筆有很多，為何就是這一枝會成為我的原子筆？這不是緣分是什麼？或許有人覺得這麼說是不是太誇張了，但當你的手拿起那一枝筆的時候，你就和那一枝筆結緣了。

如果原子筆的墨水用完，幾乎所有的人都會再買一枝新筆來替換吧？但我不會。雖然筆內的墨水用完了，筆本身還可以使用，只要去買一枝墨水筆芯就可以繼續使用。

買一枝新的原子筆大約要三百日幣，但一枝新的筆芯卻只要五十圓日幣。為什麼五十圓就可以解決的事情，要花三百圓去處理呢？

並不是我小氣，只是不想輕易丟棄這枝因為緣分而來到我手中的筆。

做為僧侶的我們，從開始修行時代起，就養成了惜物的心。例如作務衣（譯注：僧侶進行打掃、砍柴、下田工作等等雜務時穿的衣服），即使破損了，也不會馬上買新的來更換，而是哪裡有破損，補綴一下再繼續穿。草屐的屐帶斷了，也是盡可能地自行謹慎修理，繼續再穿。

當然有時也會有自己修補不了的情況。總之，我這樣做並不是單純地要節省金錢。只是想以感謝的心，去珍惜、愛護在自己身邊的物品。我相信那樣的心是與生命的美好息息相關的。

在修補綻線的作務衣時，我會覺得自己好像在和自己的心對望。穿舊了的作務衣好像和自己的身體融為一體般的合身，如同自己的分身。看著這樣的舊衣時，我總是會喃喃自語地說出感謝的話，衷心地感謝製作了這件作務衣的人。

補綴作務衣的行為，和修復自己心中的裂痕，是相同的事情。

小念想是人生大念想的連接點

有些東西在長年持續使用下，已經變得無法修補。例如石臼，經過幾十年的使用，石頭在不斷地磨損下，難免失去石臼的功能，它就不再是石臼了。但即使如此，我還是不會丟棄它。

當石臼結束了石臼的任務後，我就把它放在院子裡，賦予它踏腳石的任務。也就是說我給舊的石臼新的任務。如果茶杯只是蓋子破了，那麼我就在杯子裡插上一朵花。東西失去了原本的作用後，用不著馬上丟棄，想想看或許還能給它新的作用。這就是禪教我們的「比擬」的精神。

我小的時候，原子筆還是很貴重的東西，我的父母會一再地替換原子筆的墨水筆芯，非常珍惜地使用一枝原子筆，直到它失去了原子筆的功能。當那枝原子筆的筆管出現裂痕，並且有些彎曲的時候，父母會把那枝筆給我。

我用那枝筆在泥土地上畫圖。尖尖的石頭也可以在泥土地上畫圖，但是畫不出細細的線條。使用筆頭尖尖的原子筆，就可以畫出細線條了。

在當時還是孩子的我的心裡，那就是一枝具有魔法的原子筆。以前的孩子們，就是在「比擬」之下做遊戲的。

在物質豐沛的現代，已經沒有什麼東西是需要修理再使用的了。從現實面來說，很多東西買新的比修理更便宜，而且花時間去修理，或許也是一種浪費。所以說，用過就丟也不一定全是壞事。

只是，什麼東西都用過就丟，養成了用過就丟的習慣，這樣恐怕不太好吧？因為用過就丟的心，會影響到很多事情。因為沒有用了就丟棄，輕易用新的物品來取代舊的東西。習慣了那種行為的心，在面對人類時，也會出現相同的態度。

既然是對自己沒有幫助的人，那麼把他排除掉也無所謂。而且，能夠取代舊人的人多的是，再找新人來就可以。

如果一個人的心裡有了這樣的想法，我就無法認為那個人有幸福的人生。沒有感恩的心、不知珍惜別人的心，等於也輕蔑了自己的人生。我一直認為心與人生是有相關連的。

如果你已經養成用過就丟的習慣，那麼請你試著稍微修改一下那個習慣！如果你已經習慣隨便丟棄東西的行為，那麼也請你試著在丟棄東西前，稍微再猶豫一下！

希望你在丟棄東西的時候，能靜心地再看一眼那個東西。因為那是好不容易才能和你在一起的有緣東西，就讓它在你身邊多停留一會兒吧！那小小的念想與對人生的大念想，是連接在一起的。我相信那也與珍惜別人的心緊緊相連。

沒有因為「獨贏」而幸福的人

幸福來自人與人的相互關連

有一個詞叫「獨贏」。這個詞經常用來形容一個人得到比周圍任何人都要多的狀態，通常是周圍的人都失敗，卻只有那個人獲得成功。這個詞聽起來非常了不起，然而事實上卻沒有人因為「獨贏」而得到幸福。

例如在工作上的表現，你不斷提高公司的業績，但你周圍的同事卻一點成果也沒有。只有你一個人的業績出類拔萃，得到公司的重用，並且提高薪水，因為你為公司帶來莫大的利益。你的成功也造成對手公司的虧損，只有你的公司不斷地累積獲利。當承包的公司都在掉眼淚的時候，只有你的公司獲得愈來愈好的利益。

這種「獨贏」的情況，是存在的吧！就某種意義來說，那也是無可奈何的一面，但是問題就從這裡開始。

如果只有自己在公司獲得讚許，那麼即使只是暗自開心，也是不可以的；同理，如果只有自己的公司獲得利益，那就不能忘記要把利益分配給顧客與承包公司。為什麼必須這麼做呢？因為只有自己獲得利益，是連接不到幸福感的。

佛教的世界裡沒有「獨贏」的想法。並不是說沒有「獨贏」的情形，而是說佛教認為「獨贏」不能得到幸福。

只有自己是幸福的。你認為這種事情可能嗎？

幸福是存在於相互連結中的東西，是誕生自人與人的互動、關連之中的東西。各位的身邊都有別的家族吧？在一個家族裡，當其中的某一個家人覺得不幸，那麼那個家族也就幸福不起來。

你在自己的家族裡時，會希望自己幸福就好嗎？不管父母如何，只要自己幸福就好嗎？只要自己快樂，孩子如何與自己無關嗎？只要自己有好吃的就好，丈夫吃得不好，是丈夫自己的事嗎？應該不會這麼想吧！

自己覺得好吃的東西，就想讓丈夫與孩子們也能吃到。各種喜悅要與家人分享，家族也一起分擔家人的悲傷與痛苦。正是因為有這樣的溫暖羈絆，家人才成為可愛的存在。

一個人是無法獨活的，這是我們常常說的一句話。所謂的一個人，並不是指單獨個體的一個人狀態。不是也有即使只是自己一個人過生活，也覺得每天都很幸福的人嗎？相反的，也有每天都生活在眾人之中，也感覺不到幸福的人。

所謂的一個人無法獨活，是指這個人和別人完全沒有關連。

不只希望自己幸福，也希望自己以外的別人也得到幸福。雖然是在獨居的狀態，但希望生活在遠方的孩子能夠幸福。正因為內心有羈絆，所以人才能活著。

那是一顆心中有比自己更重要的人，有比讓自己喜悅，更想看到那個人開心的臉的心。我認為人都必須有那樣的一顆心。

幸福的人與幸福的引導者

打個比方：現在你有渴望得到的東西吧？不管是新的包包或新的洋裝，總之那是你之前就一直想得到的東西。存了好久的錢，現在已經足夠去買那個東西了。好，就決定去買吧！

但是，就在做這樣的決定時，突然想起下個月就是孩子的生日。孩子之前就很想要一個玩具，自己也很想送那個玩具給孩子。但是，如果買了那個玩具，就沒有辦法買一直很想要的包包了。

總之，存了好久的錢只能買其中一樣。

遇到這種情形時，你會怎麼做？

以自己為優先，決定買包包的話，因為得到了想要的東西，所以心情一定會很棒！但是，如果再忍耐一陣子，先買孩子喜歡的玩具，那麼孩子一定會非常高興，一定會滿臉笑容地對自己說「謝謝」吧！

滿足自己的感覺，與孩子的笑容，何者會讓你覺得更幸福呢？

我無意強調應該做什麼選擇，因為選擇哪一個會感到更大的幸福，是每個人自己才知道的事。

我只是想說：**給別人幸福時，幸福也一定會回到自己的身上。為別人所做的事，將與自己的幸福息息相關。**這也是禪教我們的。

關於這一點，我想再說幾句。

人們到了寺廟，會在正殿前雙手合十，心裡默唸著自己祈願之事。例如祈求「希望能更幸福」，或「事業順利」等等的各種願望。

不過，到寺廟裡祈願時，一般都是為了自己以外的某個人而去的。例如：「希望孩子的病快點好」，或「希望父母健康長壽」等等，不是為了自己，而是為了某個人前往寺廟祈求。老實說，到寺廟參拜的真正意義就在於此。

當然，你也可以為自己雙手合十地祈求。為自己祈求幸福，是理所當然的事情。不過，在祈求完自己的心願後，還是會悄悄地想為某個人祈願。**人除了會為自己擔心外，也會想為身邊的人祈願。我相信就是因為人有這樣的一顆心，所以人與人之間才會存在著溫暖的羈絆。**

懷著喜捨之心過生活

同時奉獻出私念與香油錢，那才是真正的喜捨

建功寺正殿改建的前兩年，我接下了建功寺的住持一職。已經有四百五十年歷史的建功寺，期間曾經經歷了一次的改建，後來關東大地震的時候，正殿又受到相當大的損壞。在我曾祖父的時代——也就是在三代前，早就有重建正殿的想法。

重建正殿這件事的本身，並不是為了建功寺，也沒有要蓋一座漂亮的正殿，來引以為傲的想法。我們建功寺的義務，便是守護長眠於建功寺墓園裡的

先人與他們的子孫之間的緣分。

如果建功寺消失了，子孫們與先人們的緣分恐怕就會因此消失！那是不可以的。我一直認為延續祖先與活著的子孫們的緣分，就是寺廟的重要功能。

三代前住持重建正殿的遺願，終於來到我這個十八代住持的面前了。重建說起來簡單，其實非常困難。建功寺的正殿位於小山丘上，被四周的樹木包圍著，如果不把樹木移走的話，就無法讓起重機進入。

各位一定覺得正殿被樹木圍繞在中間，那是非常美好的風景吧？但是這麼美好的風景卻是重建工程的一大阻礙。比起在平地上重建正殿，在那樣的地方重建正殿，要花上數倍的時間與力氣。

更大的困難是重建的資金。那需要一筆金額龐大的錢，只靠建功寺的資金，根本無法完成重建的工程。可是也不能強行向各位施主們徵收重建的經費，最後只好向有心的人士進行募款，請他們佈施、奉獻（捐錢）。

所以，從決定重建的那一年開始，建功寺也開始了募款的行動，請各方大眾捐獻（佈施、奉獻），並貼出了準備重建正殿，請大家多多幫忙的告示。

有一位施主看到了告示。這位施主是一位上了年紀的女性，幾乎每個月都會來建功寺掃墓。她來找我，並對我說：

「建功寺要重建嗎？我想奉獻一點錢。」

以個人的捐獻而言，這位女施主要捐獻的金額數目不小。我心想：這位女施主的生活一定很寬裕吧。但是，女施主接著又說：

「可是，我不能一次就捐出這筆錢。所以，能讓我分次奉獻嗎？從現在開始的兩年內，我每個月能奉獻其中的一部分錢。」

我沒有多想，立刻回答她：

「當然沒有問題，而且請您不要勉強。感恩您的奉獻金，但如果您的奉獻會影響到您的生活，那我會很難過的。您沒有義務非奉獻不可，只要有那樣的心意，就很感恩了。」

雖然我那麼說了，但這位女施主仍然按時來寺廟掃墓，並奉獻了她的金錢。

我打從心底感謝這位女施主，雙手合十地對她行禮。我的行禮與她的捐款金額無關，我是對這位女性的用心行禮。

這位女施主為何會對建功寺這麼盡心呢？能夠定期奉獻金錢給寺廟，想必家裡應該是衣食無慮，而且因為有兒孫奉養，所以能捐出兒孫給她的奉養金！我接受著她的奉獻，不知不覺地做了這樣的想法。

在這裡，我用了「奉獻」、「佈施」這類有點困難的詞。「奉獻」是指捐款給自己的菩提寺（譯注：菩提寺是日本的一種寺廟型態，是埋葬祖先遺骨之寺），「佈施」是指捐款給有緣去參拜的寺院。

到寺院裡捐香油錢，在佛教裡稱為「喜捨」，意思是「帶著歡喜心的捨棄」。這和一般對於「捐款」的想法，是略有差別的。

至於把香油錢投入香油錢箱的用意，又是什麼呢？當然是「請給有困難的人使用」，或「希望能幫助到寺院的修復」、「希望能照顧到僧侶們的生活」等等。

但是，不管是奉獻金、佈施金還是香油錢，都含有拋棄自己執著心的意思。**把自己執著於金錢的念頭投入香油錢箱、把覺得自己好就好的私念一起投入香油錢箱，藉著拋棄執著念頭的舉動，洗濯自己的心靈。所以這類的捐款是「喜捨」。**

人人都有喜捨之心

因為是「喜捨」之心，所以從這樣的心意奉獻出去的金錢，是不論多寡的。拋棄日常生活中緊緊纏繞在自己身上的執著心。眼睛不要只看到想得到的東西，試著拋棄那樣的慾望。不要帶著對自己有好處就好的想法過生活，也要想著周圍的人也好才好。帶著「喜捨」之心過每一天，心靈就會豐沛起來。

按時到寺廟裡來奉獻金錢的那位女性，或許每一次來寺廟參拜，就是來洗濯自己的心的，又或許是來拋棄從心底湧上來的煩惱。

各位是否也可以嘗試一下每個月找出一天，或盡可能地一個星期找出一天，來喚醒自己內心裡的「喜捨」之心呢？雖然埋首於日常生活之中，心中不斷地冒出種種欲求，最終淪陷在以自我為中心的想法裡，是一種無可奈何的情況，但是，千萬不要讓那樣的情況變成習慣。**每個人的心裡都有「喜捨」之心，都有幫助他人之心。不被自己計較利害之心綑綁，就會有為他人而活的喜悅。這是所有的人類都會有的心。**

給自己找一個可以喚醒內心中「帶著歡喜心捨棄」的日子，讓自己的心向著那個想法，然後再想可以捨棄什麼，這樣就可以了。「喜捨」並不只是把香油錢投入香油錢箱。**為了讓自己的心更輕鬆，就應該捨棄些什麼**。有這樣的想法是很重要的。

這就是放下心中多餘的負擔。

CHAPTER

2

「使用錢的方法」，一定會反映在人生上

使用錢的方法、
使用的時間、
對待錢的方法

什麼叫做「會用錢」？

什麼是「讓心靈豐富的用錢法」？

關於金錢的用法，有「有些人會用錢，但有些人不會用錢」，也有「活錢的用法與死錢的用法」等等說法，那些都是對於使用金錢的形容語，或許以前的人也對如何使用錢感到迷惑。

但是，什麼叫做會用錢呢？活錢指的是什麼樣的錢呢？

我認為這不是一問一答的問題。在某些人眼中毫無意義的東西，對另外的某些人來說，或許是意義重大的東西。

還有，今天看起來毫無用處的東西，將來或許是非常有用的。說真的，如何使用金錢真的不是容易的事。

當我在想應該如何使用金錢這個問題時，腦子裡突然閃過一個故事。我把這個故事寫在這裡。

我遇到一位年約二十五到三十歲的女性，她任職於所謂的大企業，不過，並不是個一心只知道工作的人，才二十幾歲的她，生活得相當輕鬆、舒適。因為就職於大企業，所以得到的薪水也相當令人滿意，再加上與父母同住，因此基本上根本不需要特別支出生活費。也就是說，她生活在可以任意使用自己薪水的自由環境之中。

喜歡時尚的她，每個季節都會買幾件流行的服裝，看到喜歡的飾物想要就買，一年還可以出國旅行好幾次。

這樣的她，可以說是過著令人稱羨的日子，可是，她的心並沒有因此得到滿足。她確實能買自己喜歡的洋裝，也可以自由自在地出國去旅行，可是內心裡總覺得哪裡空空洞洞的。

她公司裡有一位女性前輩，是她崇拜的對象。雖然和她屬於不同的部門，但辦公室卻在同一個樓層。

這位三十出頭的女性前輩，看起來總是神采奕奕、精神飽滿，是一個精明幹練的職業婦女，也是周圍後輩們敬仰的人物。

她注意到這位前輩總是穿著相同的服裝。白色的襯衫搭配藍色的合身裙，雖然完全跟流行無關，但這麼簡單的穿著，卻給人乾淨清潔的印象，而且讓人覺得很親切。照理說，她也有令人很滿意的薪水，不會買不起時尚的服裝。

這位前輩對出國旅行沒有興趣，也不常在下班後和大家一起出去吃飯交際。這位前輩到底把錢用在什麼地方了呢？還是只對存錢有興趣呢？

一直很在意此事的她，有一次終於鼓起勇氣，試著問了這位前輩。

「前輩對時尚和旅行好像沒有興趣呢！錢都用在什麼地方呢？沒有想要過得更華麗一些嗎？」

前輩聽了她的問題後，微笑地這麼說了：

「我喜歡看書，所以去了書店，看到想要的書，就會不管多少錢都要買下來。只要有足夠買書的錢，我就會覺得很滿足了。」

前輩說這些話的時候，她突然有被當頭棒喝，一下子覺醒的感覺，覺得自己太過浪擲金錢了。

用錢的方法反映了人生的姿態

對前輩來說，「重要的事情」不是活躍在時尚雜誌上的內容，不是漂亮的衣服和去高級的餐廳用餐，或去海外旅行。對前輩來說，「重要的事情」就是「讀書」，只是這樣而已。

當然，如果自己是真的喜歡時尚流行，那麼花錢去買衣服也沒有什麼不可以；如果去海外旅行真的是自己的夢想，那麼就去旅行吧！

但是，如果那並不是自己真心渴望的東西，只是為了和周圍的同事做比較、追求流行，或只是為了轉換心情而出國去旅行；因為這麼輕易的理由就花錢，花完錢後當然會覺得自己好空虛。

和前輩聊過後，她的用錢方法變了。

她不再在換季時去買衣服，也不再和朋友成群結隊地出國去旅行。**問自**

己：什麼才是重要的事呢？自己真正喜歡的東西是什麼呢？要往這個方向去探討。也就是說，要認真尋找自己真正想要的到底是什麼。

堅定地面對自己，真誠地與自己的內心問答。或許這樣就可以發現對自己來說的活錢使用法。

禪語裡面有「薰習」一詞。

日本自古以來就有換季收衣的習慣。春天來了的時候，就會把冬衣收藏起來。這時，為了防止蛀蟲蛀食收藏起來的衣物，便會使用香劑來當防蛀蟲劑。季節輪迴，冬天再來的時候，拿出來換穿的冬季衣物上，就會沾染了香氣。衣服本來是沒有氣味的，但因為與香劑放在一起，就變成帶著香氣的衣服了。

人也和衣物一樣。即使自己的心並不骯髒，但和心汙穢的人在一起，久而久之就會生出私念、私心。

反之，若身邊的人有一顆美好的心，那麼自己的心也會在不知不覺中變美了。因為那個人的心像香一樣的傳染到自己的身上了。所以人要和自己尊敬的人在一起。這就是「薰習」的意思。

你的周圍如果有很懂得使用錢的人，而你也希望自己能像那個人一樣懂得使用錢，那麼你就要與那個人在一起，即使沒有直接學習那個人，那個人的心也會自然而然地感染你。

生活方式讓人感覺到美好、清爽的人，就是以美好的心活著的人。這種人的美一定可以反映在用錢的方式上。請你試著尋找這樣的人吧！環顧四周，你的周圍一定會有那樣的人。

節儉的生活與簡單的生活看似相同，其實不然

使用便宜的東西，過節儉的生活

節儉地過生活，與過簡單的生活，這兩句話都是在形容生活的方式。節儉與簡單，乍看之下好像是一樣的，但是仔細想想，我認為是截然不同的兩種生活方式。

例如有人因為沒有錢，所以過著節儉的生活，那會是什麼樣的生活呢？恐怕是過著盡量買便宜的東西，而且在飲食上以「吃飽」做為最重要的選項，即

使是對身體不是很好的食物，只要能吃飽就好。總之，在金錢的價值觀上，就是以便宜為最重要的選擇。

但是，過著節儉生活的人，就絕對不會浪費金錢嗎？我看未必如此。例如看到商店裡五個五百圓日幣的特價茶杯。一個茶杯一百圓，真的很便宜呀！於是就買了。也不管家裡已經有茶杯，只是因為便宜就買了。

雖然說那是為了客人來的時候，或舊杯子破掉的時候而買的，但是買回來的杯子實際上真的會拿出來使用嗎？恐怕是被收藏在櫥櫃的最深處，好幾年也不會拿出來！這不就是浪費嗎？

至於簡單的生活，我認為是嚴格地只買必要的東西。因為每天都會用到茶杯，所以至少需要一個。如果是兩個人一起生活的話，那就需要兩個。因為是每天都要使用的物品，所以要買自己喜歡的，就算價格高了一點，買一個品質好的杯子，還是很值得的。

既然是自己喜歡的杯子，那麼就會小心謹慎地使用。因為喜歡，所以愛惜，一個茶杯也可以用個十年之久。就算一個價格要五千圓，在用了十年之後，也會覺得足夠、滿意了，這就是簡單的生活。

簡單的生活不是用錢小氣，卻胡亂地買了沒有必要的東西。嚴格挑選生活中使用的必需品，對必要之物不惜花錢。這是用心過生活。

簡單的飲食讓身體變美好

同樣的例子也可以用來說明飲食生活。因為沒有錢，所以只吃便宜的食物，總之只要填飽肚子就好，因此只看到便宜又能吃飽的東西。這是節儉的飲食。

但是，現在的日本到處都是便宜又有飽足感的食物，五百圓日幣也能吃到盛了滿滿炸物的定食，這個價錢的定食如果還包括白飯吃到飽的話，那真的是太便宜了。

然而，這樣的飲食卻對身體沒有好處。不均衡的營養，很可能傷害到身體。也就是說，現在日本流行的「省錢飲食」，可能是會造成身體負擔的飲食。

我們僧侶過的是簡單飲食的生活，基本上是一湯一菜，並且幾乎不吃肉。當然，現在僧侶的飲食不像以前管制得那麼嚴格，除了一湯一菜外，也可以吃別的東西。

和家人一起吃晚餐的時候，我盡可能地和他們吃一樣的東西。我很喜歡吃有肉的咖哩飯。還有，工作上有應酬的時候，我也會和大家吃相同的食物，因為我不能說我要一湯一菜就好。

不過，平常的生活裡，我仍然盡量用心於簡單的飲食。我會以當季最好吃蔬菜做為食物的中心，並且食用最低限度的分量。

在各位的眼中，或許會認為我這樣的飲食是節儉飲食，但我一點也不認為自己的飲食是節儉飲食。因為：第一，我吃的是當季最好吃蔬菜，有比這個更奢侈的嗎？第二，我不會吃太飽，我只攝取身體需要的分量。我絕對不吃超過身體需要的量。

我已經過了六十歲了，但常被人說皮膚很好。偶爾去電視公司上節目時，化妝師總會對我說：

「枡野住持的皮膚真好。皮膚這麼透明，是怎麼維持的呢？」

其實我什麼也沒有做。如果我的皮膚確實很好的話，那麼一定和我長年的飲食生活習慣有關。

基本上，我過著以蔬菜為中心的飲食生活，吃當季的食物，並且只吃八分飽，我的好皮膚應該是多虧了我的飲食習慣。

我每天都過得很忙碌，除了忙建功寺的住持要做的事情外，還有美術大學的授課，也有來自世界各地的「禪庭園」設計委託，很多時候甚至一個月要出國三次。雖然我的工作繁重，但我的身體並沒有因此變差，就算感冒了，也可以靠自己的抵抗力去克服。我認為我有健康的身體，也是得力於簡單的飲食生活。

要過節儉的生活？還是要過簡單的生活？這與有沒有錢無關。因為沒有錢，所以只能過節儉的生活。我覺得這句話不正確。如果沒有錢，就過簡單的生活吧！而有錢的人也應該盡可能地用心去過簡單的生活。

所謂簡單的生活是指排除了多餘物品的生活。過簡單生活的人的屋子裡，不會有滿滿的東西，他會盡可能地簡化生活中的物品，會嚴格地選擇必要的物件，在生活中珍惜、謹慎地使用必要的物品。

過著簡單生活的人，心靈自然就會清淨起來。而人的心一旦變清淨了，多餘的慾望就不會找上門。那樣也就不須去擔心錢的事情了。

用錢也有優先順序

現在，「你最重要的東西」是什麼？

在人生的旅途中，有所謂的「當下的優先順序」。那是指：這個時期應該做的事情、現在的自己必須做的事等等的先後順序。

大致說來，十幾歲應該是以求學、運動為優先的時期，為了踏入社會要累積知識，養成強健的體魄，所以這是第一步。

二十幾歲出社會，是學習如何成為一個對社會有用的人的時期。尋找人生的伴侶，也是這個時期裡的重要事件。

一旦結婚，守護家庭則比什麼都重要。而有了孩子之後，如何確實地教養孩子，會成為那個時期優先考慮的重點。人生的每個季節，都必須面對不同的重要事情。確實地認識到這一點，是很重要的。

人生當中有暫且放下工作，以養育孩子為優先的時期吧？也有暫且把組織家庭放一邊，先努力充實自己的時候吧？

以何者為優先的順序，是誰也不能幫誰決定的事。這是只有你自己本人最清楚，最必須知道的事。

沒有人會對你說「現在的你必須優先做〇〇事」之類的話，所有應該做的事情先後順序，都必須由自己做決定。為什麼呢？因為現在是多元化價值觀的時代。

從前的人到了三十歲就一定要趕快找個結婚對象，到了三十五歲就必須生養下一代。但現在已經不是那樣的時代了，四十歲才生小孩也沒有關係，或許有人到了五十歲才想結婚。要先做什麼事，全由自己做決定。

就某個層面來說，現在是一個非常自由的時代。但正因為自由，所以一定要確實地看清楚自己的人生。

自己想過怎麼樣的生活？人生的優先順序要怎麼排列？人，有必要經常思考這樣的問題。

但人生的優先順序，與金錢的使用之道，有密切的關係。例如：現在的自己應該優先做的事情，就是累積工作的經歷。下定了這樣的決心之後，就會為了累積經歷而不能捨不得花錢充實自己。為了學習，要買很多書；為了收集資訊，要參加各種學習研討會。不要捨不得用在投資自己身上的錢。為了增加自己的見聞，出國去旅行有時也是必要的。

最糟糕的情況就是不清楚充實自己的優先順序。明明知道該做的事情的優先順序，也知道必須花錢在學習第一順位的投資上，但也想花錢投資第二順位、第三順位，甚至還想同時投資第四順位的事情。

如果有錢的話，想怎麼花錢投資都可以，只是，如果只有有限的金錢，還要把錢花在第二、第三順位上，那麼第二、第三順位的事情，恐怕會落得半途而廢。結果就是什麼事情都做不好。這就是無法得到滿足感的原因。

「這個也想做，那個也想做，可是就是沒有錢。」

有些人只會這樣抱怨。我以為會這樣抱怨的人，通常是不明白事情的優先順序，不知道自己現在應該做什麼事的人。因為看不清楚自己現在應該做什麼事，結果當然無法得到滿足感與成就感。

首先應該客觀地看清楚自己的狀況，然後冷靜地從那個狀況中判斷自己該做的事情。如果能因此明確地瞭解現在該做的事情的優先順序，就能集中金錢在第一順位的事情上。在金錢的使用上能夠緊弛有度，就能善用金錢了。

人生「最重要」的東西，是會推移變化的

所謂的人生優先順序，是會轉移、變動的。而且，每一年都會變動。不，或許不是每一年，也有可能只是半年就會變動了。半年前被排在第一順位的事情，半年後或許會轉變成第二順位。

有一個詞叫「無常」，「無常」的意思是「這個世界上沒有不變的事物」。世事一直在往前移動，一刻也不停。不只世事如此，人心也是如此。

昨天的自己與今天的自己不一樣。昨天最重要的事情，今天變成了次要的事情。請看看周圍的小事物，諸如此類的情況是絕對存在的。

是「自己太善變了吧」、「自己想做的事情的優先順位一直在變」，一定有人這樣煩惱著。但是，人類本就如此，想法變動是自然的事。昨天的自己本來就和今天的自己不一樣，世界上的所有事物都是「無常」的。

只是，在**瞭解自己一直在改變時，也仍然要堅持內心的信念，集中力量在「這就是第一順位」上。要堅持那個第一順位，邁向只屬於自己的人生。只有那樣的堅定步伐，才能連結自信心。**

我想問你：

「你現在最優先該做的事情的是什麼？」

「你現在最想做、內心最渴望的事情是什麼？」

請立刻找出你的答案，並且把錢花在那件事情上。用在那件事情上的錢，就是「活著的錢」。因為那不是別人能判斷的事，所以不要在意周圍的人的想法，要相信自己判斷，並決定那些事情的優先順位。

錢的用法也有「非平日與平日」之分

什麼是「緊弛有度」的用錢法？

偶爾出去旅行的時候，會出現因為心情放鬆而超支亂花的情形。平日的午餐只會花一千日幣，但在旅行時竟然用了兩千日幣來吃午餐；或者買了許多平常不會買的土產。

上面那樣的情形，應該是很多人都會有的經驗。

冷靜地想想，那些金錢或許花得浪費了。出來旅行，事實上並沒有非那樣花錢不可的必要，只因為心情放鬆了，所以在不知不覺中就花了平常不會花的錢。不過，我覺得偶爾那樣也無妨。

旅行時的日子是非平日，自己也和平日的自己不一樣。在旅行的空間裡，會享受到非平日的樂趣。但從旅行回來後，日子便恢復為平日了，只要仍舊認真努力地生活著，那樣就可以了。

我認為緊弛有度地過生活，對人來說，是有必要的。

「哎呀！花了這麼多錢」或「超出預算了」等等的後悔之言，會沖淡了難得的歡樂氣氛。

已經花掉的錢就花掉了，後悔也沒有用。而且也已經享受到稍微奢侈一下的樂趣了。既然如此，就只要想著那樣的樂趣就好。不要後悔，要想「很好，明天起再繼續努力，存了錢再去旅行」。

不做無謂的浪費，認真努力地存錢。這不是壞事。

我認為每天過著節儉的生活、不浪費金錢，是很棒的事情，不過，那樣的生活難以持久，太過勉強的節儉生活，最後反而會被金錢束縛。

完全忘了「放鬆」這件事，結果就被「只知道要存錢的心」給綑綁了。

「錢」不是為了「儲蓄」而存在的東西，是為了豐富自己的人生而存在的東西。所以，我覺得可以把「錢」視為人生的潤滑劑。為了善用人生的潤滑劑，就要懂得緊弛有度地使用金錢之道。

平常雖然過著每天只吃五百圓午餐的生活，但一個月偶爾吃上一次兩千圓的午餐，應該也不是什麼過分的事。

平常雖然都用便宜的化妝品，但在生日的時候，就給自己買個昂貴一點的化妝品吧！

總之，在金錢的使用上，其實可以建立一個「非平日與平日」的不同使用態度。

看看那些非常懂得使用金錢的人，就會明白他們對金錢的使用之道，都是緊弛有度的。他們平常不過奢侈的生活，平常也不會浪費金錢。請不要把不浪費金錢與小氣畫上等號。

以愉快的心情使用錢，有助於人生與人際關係

我從一位女性朋友那裡，聽說了這樣的事。

她的部門裡有兩個課長，A課長與B課長。部門裡的同事感情都很好，常在下班後一起聚餐、喝酒。同事們一起喝酒時，也會邀課長一起去。

A課長方面，通常邀約三、四次中會去一次，不去的時候就會說：「對不起呀，今天有事。」但去的時候，總是很開心地陪著大家說話。

而且，結帳時，A課長總是會拿出消費總額一半的錢給部下。例如消費總額是二萬圓時，A課長會拿出一萬圓，並且說：「不好意思，其餘的錢請大家平均分攤吧。」其餘的一萬圓因為由四個人分攤，所以一個人只須出兩千五百圓。A課長的做法，對年輕的部下來說，是一種照顧。

如果消費總額是三萬圓的話，A課長便會拿出一萬五千圓。A課長雖然是

上司，但他並沒有義務一定要比別人出更多的錢，還有，部下們事先也沒有期待A課長多出錢，總是說：「課長不用多出錢，大家平均分攤吧。」可是A課長還是微笑地拿出了消費總額的一半。

另外一位B課長，則是經常陪大家一起去喝酒，只要有邀約，就會同行，並且帶大家去他所知的、稍微貴一點的店喝酒。

和B課長一起喝酒的氣氛也很愉快，付帳時B課長也會和大家平均分攤費用。如果總共五個人去喝酒的話，就五個人平均分攤費用，並且以十圓為單位去平均。

雖然是課長，他拿到的薪水與部下薪水的差距，其實也沒有多少，而且單身部下可以使用的零用錢，或許比課長還要多。

這樣想來，平均分攤費用或許是更正確的做法。但一起平均分攤費用的部下們，可能也不會想那麼多。

因為所有的費用都平均分攤，所以B課長才能每次都參與大家的聚會。我想B課長一定是這麼想的。

但是A課長不那麼想，他想對平日一起努力工作的部下有所表示，所以在偶爾和大家一起喝酒的時候多出一點錢。可是，如果每次都參加聚會的話，自己的零用錢就會不夠用了，所以不能每次都參加大家的聚會。這種話雖然沒有說出口，但部下們應該感受到A課長的心意了。

這兩位課長的用錢方法沒有誰正確、誰不正確的問題。可是，我還是有個想法，我覺得A課長是一個懂得用錢，知道緊弛有度地使用金錢的人。

大家都知道巧婦難為無米之炊，**口袋裡有多的可以使用的錢，才能愉快地使用。善用口袋裡的「金錢」，才是人際關係的潤滑劑。**

知道A課長與B課長的事半年後，聽說A課長升為部長了。

精簡錢包的內容，就不會有浪費性的支出

因為看到了「那個（東西）」，所以變得想要

「老師，雜誌上說精簡錢包的內容，就可以存錢。這是真的嗎？」

一位我教過的女學生這樣問我。因為不知道要如何回答這個半算命般的問題，所以我半開玩笑地說：

「不知道呀！如果這樣可以存錢的話，那我也來試試。」

但後來我再想想，覺得雜誌上說的話，或許是言之有理的事情。且不管精

簡錢包的內容是否真的可以存錢，但錢包裡不要放多餘的東西，是一件非常重要的事。

讓我在此說一下與佛教有關的事吧！

從前的修行僧在經過一定的修行後，就會遁入山林，繼續累積修行的課業。那是遠離世俗，一心只有修行，過著隱居於深山中的生活。那樣的隱居修行，被認為是修行僧的理想修行方式。

但是，為什麼非隱居深山修行不可呢？

要累積修行的生活，在市井之中應該也可以做得到呀！確實，在市井中的寺廟裡，也可以過修行的生活。可是，心有志向的禪僧還是要選擇遠離世俗，去深山裡修行。因為生活在世俗中，難以集中精神修行。

如果在市井中修行，唸經時確實可以集中精神，但是一旦離開唸經的場所，就會看到種種東西。

例如上街的時候會看到許多美味的食物。就算在寺廟裡，眼睛也會看到施主們送來的許多物品。不只如此，連看到自己使用的碗，都可能會想到吃飯。

因為是人，所以難免如此。

然而，獨居在山中，就不會看到許多多餘的物品了。走出居室之外，眼睛看到的無非是樹木山林或溪流，也就是說：深山裡完全不存在著那些會勾引起煩惱的事物。在那樣的環境下，就能夠集中精神，進行真正的修行。

回頭看看現代人的生活，屋子裡總是有非常多的東西，我們的眼睛就會在不知不覺中注視著那些東西。那些東西一進入我們的眼簾，心就被那些東西捕獲了。

例如，我們總是會把喜歡的東西擺在自己的房間裡。有些人的房間裡甚至擺著幾百個因為喜歡而收集來的各種玩偶，看到那些玩偶就覺得心情愉快，好像一天的疲勞就在那一瞬間消失了。

但是，反過來看，喜歡玩偶的人在看著房間裡的玩偶時，心中會很快地升起想要新玩偶的慾望，這樣的慾望也會讓我們無法捨棄收藏來的玩偶。

食慾的情形也一樣。深夜的時候覺得肚子餓了，明知在那個時間吃東西對身體不好，卻不知不覺地去開冰箱，看到冰箱裡的食物，自然而然地拿出來吃。會這麼做，也是人之常情。

如果那時冰箱裡沒有食物，我們很可能就不會吃，忍耐到明天早上再吃早餐。一旦眼前有積存的食物，就會忍不住在深夜吃起來。

這就是物品喚起人類慾望的典型。

瘦身的錢包就是你自己的心

或許錢包的內容也和上述房間裡的東西一樣。看到什麼想要的物品時，如果錢包裡有錢，就會去買吧？

那不是使用信用卡或甚至借錢也要買的物品，只是因為錢包裡剛好有錢，所以就買了。如果當時錢包裡沒有錢，或者錢不多，就會很乾脆地放棄購買的念頭。

點數卡的情形也是一樣。如今有很多商家會發行點數卡，客人每次買東西就可以得到商家給的點數。如果是生活必需品的點數卡，確實會讓人有賺到的感覺。但若是為了收集點數而拚命買東西，就完全陷入商家的圈套了。

有點數卡不是壞事，但是要注意不要隨身攜帶點數卡，只有要去那家店買東西時，才把那家店的點數卡放進錢包裡帶去就好。

例如：走進化妝品店逛的時候，看到店裡有想要的商品，但是沒有帶點數卡，這時應該就會想：下次再帶點數卡來買。然而回到家後，想買那個商品的慾望，很可能就消失了。不必要的慾望或許就會那樣過去了。

我覺得精簡錢包的內容，讓錢包瘦身是好習慣。錢包裡只放當天所需的金錢就好。如果為了以防萬一，那麼可以在錢包以外的地方再放個預備用的一萬圓。

還有，不要把沒有預定要去的店的點數卡帶在身上，這樣不就可以減少沒有必要的支出嗎？**錢包因為沒有帶多餘的錢或各種卡片，一定就會變瘦。瘦身成功的錢包就是你清淨的心。**

真正的喜歡是不會計算得失的

興趣與工作的比率是一比九

在每天被忙碌工作追著跑的日子裡，能夠享受自己興趣的時間，是非常珍貴的。

喜歡跑步的人，會在工作結束後享受跑步的樂趣；喜歡游泳的人，會在黃昏的時候就去游泳池。如果是對畫畫感到興趣的人，假日的時候很可能一整天都會面對著畫布。

沉醉於自己喜歡的事物時，就會忘記日常中的煩惱事情。想要消除壓力，就要擁有與興趣相處的時間。

但是，能夠讓自己忘記煩惱的興趣，必須是自己真正想要做的事情。如果是追著流行的興趣，或因為朋友邀約，才一起開始的興趣，通常都不是會持之長久的興趣。

有人會因為沒有興趣，而覺得自卑吧？尤其是那種被問到「你的興趣是什麼」，而回答不出什麼特別興趣的人。

因為自己沒有可以傲人的興趣，而覺得難為情，於是開始了自己其實並不特別喜歡，只是因為可以讓自己感到有面子的興趣。

例如潛水這個運動流行的時候，覺得有潛水這個興趣，就可以驕傲地對人說了，於是跑去買齊各種昂貴的潛水器材。又例如朋友邀約去滑雪，明明只是一個初學者，卻買了非常好的滑雪用具。

總之，那只是因為在乎他人的眼光，為了自己的面子而存在的興趣，不是真正的興趣，所以不可能會太熱中，也不會投入太久。

沒有興趣並不是什麼可恥的事！

我覺得「工作就是興趣」也非常棒。拚命地去做自己想做的工作時，就會明白做愈多學愈多，意識到自己因為努力而逐漸成長。能夠這樣享受到工作的樂趣，是再好也不過的事了，不是嗎？

沒有必要硬去區隔「工作」與「興趣」。如果是自己真正喜歡的事情，兩者的中間是沒有界線的。看看那些在現實中因為工作而得到很大成果的人，他們都會說「工作就是我的興趣」。我真的覺得這是非常好的事情。

「什麼事情可以讓自己開心」、「什麼興趣可以讓自己忘記工作」，在思考這樣的問題前，請先試著讓自己熱中於工作吧！

不論任何工作，其中必定存在著某種趣味性。這個世界上沒有只是辛苦而完全無趣的工作。一個任誰都覺得無聊的工作，一定很快就會從這個世界消失。每種工作都有其趣味性，但是沒有人會教你那個工作的趣味性在哪裡，因為那是自己認真投入工作後，才會發現的事情。

擁有自己的興趣，是很好的事情。但是，**花在興趣與工作的時間與金錢比率，最好是一比九。工作九，興趣一**。不管是時間還是金錢，花在興趣上控制在一分左右，其餘的九分花在工作。

將心思朝向自己應該做的事情上。千萬不要忘了這一點。如果興趣佔了生活中的三分，甚至於五分，那麼興趣就變成了逃避現實的工作了。

再說，如果興趣佔了自己生活中的一半比重，那麼生活中一定會出現計算得失的情況。或許靠興趣也能過活、或許不用工作，只做自己的想做的事，就可以過生活了。然而，當這樣的念頭一上來後，那個想做的事情就變成不是興趣了。為了享受樂趣而開始的興趣，卻變成會讓自己感到痛苦的事情，這就本末倒置了。

用單純的心去對待「非常喜歡」的事物

我認識一位有多年職場經歷的女性，她在公司裡有很好的評價，也很受到部下與後輩們的喜愛。

這位工作勤奮俐落的女性最大的興趣，就是插花。插花是她從學生時代就開始有的興趣。她完全沒有去過什麼插花教室學習，只是靠著自己下工夫研究，單純享受插花的樂趣。

她的辦公室裡永遠有一朵花。每隔幾天她就會再換一朵，而插一朵花的設計修整時間，大約五分鐘就完成了，買花也不需要多少錢。

她插的花，柔和了辦公室的氣氛。

在某個偶然的時候，後輩的女同事們請她教大家插花。由於也沒有什麼拒絕的理由，她便在公司裡開始了花道的傳授課程，每個星期一次，她在公司的會議室裡教大家插花。因為所需的時間不多，所花的金錢也只是花材的費用而已，所以公司裡很多後輩女同事參加了她的課程。

幾年後，她離開了職場，進入家庭。然而，在照顧家人的時候，她的內心裡總覺得有些空虛，好像有什麼地方得不到滿足。和上班時的忙碌工作比起來，她的時間變多了。

這時，她想起曾經在辦公室裡教公司的年輕女同事插花的事。於是，她開始教附近的鄰居們插花，並且只收花材的費用。很快的，她的學生人數愈來愈多。

我為什麼要提起這位女性的事呢？

因為我認為她的行為，讓我想起興趣的本質。

對於興趣的事，她只用了「一比九」中的「一」的時間，並且長期地持續著，沒有把計算得失的事情帶進生活裡，讓周圍的人也開心地接受了她的興趣、共享興趣。所謂的推廣興趣，就是這樣吧！

如果她離職後，開始經營以賺錢為目的的插花教室，那麼又會是什麼樣的情形呢？如果她有那種想法，那麼她還在公司上班時，可能就會想著插花教室的事，而無法專心工作；也可能在離職前就向後輩們宣傳開設插花教室的事。

如此一來，興趣就變成工作的營業活動。當計算得失的現象出現時，周圍的人就會離她而去。

計算得失這種事情是無法完全避免的。人類的經濟世界就是因為有得失的計算，才能夠成立。因為工作不是志工的志願活動，其中有得失的計算，是理所當然的事。

因此，至少在興趣的世界裡，希望沒有計算得失這種事情。

興趣的世界裡出現了計算得失與社會地位高低的現象時，興趣就會變成無趣了。**用單純的心去對待「非常喜歡」的事物，並且只用「一」的時間與金錢去支援興趣，這才是享受興趣的要訣。不是嗎？**

CHAPTER 3

錢是連結你與社會的途徑，不要讓這條途徑堵塞了

關於錢與工作、人、物的關係

對你而言，工作是什麼？

人與人的關連，是錢無法取代的

對人生來說，工作是什麼？什麼是勞動做工呢？這是值得在每天繁忙的生活中，不妨暫時停下腳步，稍做思考的問題。

關於這個問題的回答，應該有許多種！工作是為了實現夢想、做有意義的工作可以實現自我……可以想得出來的回答真的很多，然而追根究底，工作或者勞動做工的根本目的，就是為了得到金錢。

要活下去的話，金錢是必要的東西。為了得到生活下去的金錢，只好去工作賺錢，這是理所當然的事。再怎麼想要實現夢想，若完全沒有金錢的支撐，就無法實現，所以不能不去工作。

就像動物們為了食物而必須離開巢穴去獵食一樣，人類為了得到生活的糧食，就必須出去工作賺錢。

確實，或許工作的目的歸根究底是要賺錢，但是，工作絕對不是只為了賺錢。我們不是只為賺錢而活著的。

太在意賺錢這件事，會錯過人生中很多重要的事情。但是，重要的事情又是什麼呢？我認為那就是金錢無法取代的，人與人之間的羈絆。

例如，結束了自己一天的工作，準備下班回家時，看到鄰桌的同事們還有很多事情沒有做完。那麼多的工作，恐怕還要兩個小時以上才做得完吧？這種時候，你會怎麼做呢？

幫忙同事的話，做的是同事的工作，不算自己加班。與自己的成績無關的工作，就是做了也不是自己的成績。從金錢的角度去思考這個問題的話，那麼，幫忙同事工作，變成會讓自己吃虧。

可是，如果真的是自己有空的時候，就開口說一聲「可以的話，我幫你做一些」吧！即使做的事不被認為是自己的加班成績，多少也是為同事盡了一點力量。一個人做需要兩個小時的工作，兩個人去做，一個小時就可以完成了！

工作結束的時候，同事會感激地對你說：「謝謝，幸好有你幫忙。」你一定會因為這句話而心頭暖暖的。

這就是金錢也取代不了的工作。做了這樣的工作也是很好的，而且這樣的工作就是會留在人心裡的工作。

決定人生好壞的東西不是金錢

或許是受到歐美價值觀的影響，我們對很多事有了輕易就做區分的習慣，也不會伸手去過問與自己無關的工作。就算同事有困難，那也是他的事，沒有必要去處理與自己無關的業務。

有些時候，這種區分確實有其存在的必要，但是，那樣的區分態度，其實並不是日本人熟悉的態度。

因為今天的工作讓自己賺了很多錢，所以今天是美好的一天。今天白忙了一天，什麼錢也沒有賺到，所以今天真的很沒有意義。如果直接把工作和金錢綁在一起的話，就會出現上述的想法吧？這是讓錢決定美好與無意義的想法。**一天的好壞不該由金錢決定，能決定一天好壞的是：是否完成了今天一天的「該做的事」**。

很多人都知道「一日不作，一日不食」這句禪語。

這句禪語的意思是「如果沒有完成自己應該做的事情，就不能吃做那個工作才可以得到的食物」。這句禪語也常被人單純地用「不工作的人就不能吃飯」來做解釋。這是一句告誡不認真工作的人的話！

而禪語所說的「應該做的事」，並不全然指只為了賺錢的工作。

每個人都有各自的任務。以僧侶來說，僧侶們的任務就是平日裡做早課，為大眾唸經。而打掃寺院內部與正殿等事，也是僧侶們平日的使命。

每天早上為大眾唸經與賺錢無關。做打掃寺院內與正殿等的事，也拿不到酬勞。因為唸經拿不到錢，所以不想唸了；因為打掃賺不到工資，也不想打掃。如果有僧侶這樣想，那就是完全忘了僧侶「應該做的事」。

「應該做的事」到底是什麼事呢？

上司指派的工作，也可以算是「應該做的事」！對有孩子的人來說，教養孩子便是「應該做的事」。幫忙鄰座的同事，或許也是上天賦予你的「應該做的事」。我們身邊的很多事情，都是「應該做的事」。好好地接受那些上天給予的「應該做的事」，所有「應該做的事」都必須一一認真地去完成。

不要被錢的得失束縛，要正面迎接上天給予的使命，並且認真地去執行。

我認為這就是所謂的「工作」。

那樣的「工作」裡，一定有辛苦的一面，讓你覺得是否能夠持續下去？即使如此，那還是你被賦予的「應該做的事」。

但是，**不管你被賦予的是多艱辛的事，你的身體裡一定有可以完成那個「應該做的事」的能力。佛絕對不會給予你不可能完成的工作。要相信自己一定有完成那個艱辛工作的力量。**

工作並非只是為了賺取金錢

工作可以豐富人生

自己到底是為了什麼而工作呢？

這麼辛苦地工作著，所為何來呢？

這樣的想法有時候難免會浮上心頭。

對自己來說工作是什麼？請自己找找這個問題的回答吧！工作是為了實現自我、工作是為了將來而累積經歷……腦子裡雖然有種種回答的聲音，但是總結到最後的回答，還是「為了賺錢」。

所以說，我們只是為了賺錢而工作嗎？我認為不是的。我認為工作是豐富自我人生的東西，勞動是與幸福息息相關的東西。這是我所相信的事。

人的一生很有限，不工作不行。工作不是單純為了賺錢，更是為了完整自己的人生。根據數據，例如從事農、漁業等在第一線產業的人，罹患癡呆症的比例就非常少。這是為什麼呢？

我認為是因為他們有「應該做的事」。

對務農的人來說，上了年紀以後，就做不來粗重的農務了。可是，即使做不了粗重的農務，還是可以做洗濯收成作物、幫忙作物裝箱等工作；或幫忙下田耕作的兒子、媳婦，在家裡照顧嬰兒、幼小的孩子，這也是工作！也就是說，他們在這個社會裡還有未完成的任務。

我認為一個人沒有社會性的任務，不被任何人需要時，就算他有很多積蓄，也不會覺得幸福。

工作這件事，就意味著自己是一個有任務的人。而我覺得癡呆症是很難找上有任務的人。

因為努力而得到的經驗，一定可以成為我們的財富

我聽說過一位漁夫的故事。

這位享年超過九十歲的漁夫，在十五歲的時候就開始上船捕魚。為了家人的生活，他幾乎每天都出海，一直到年紀大了，身體不聽使喚了的七十歲時，才從船上退休，不再出海。

不過，漁夫即使從船上退休，還是每天都去港口，迎接捕魚回來的船隻，率先動手幫忙分魚的工作。

和出海捕魚的工作比起來，分魚的作業輕鬆多了。而且，老漁夫分魚的技巧非常好，總是讓旁邊的人非常驚訝。

老漁夫到了八十歲的時候，因為體力的關係，連分魚的作業也做不動，昔日鍛鍊出來的身手，已經不能使用自如了。於是，他開始了下一個工作——解讀海上的狀況與天氣。

每天黃昏的時候，老漁夫便一個人站在港邊，靜靜地眺望大海的情況。他

讓身體感受從海上吹來的風，並閉上眼睛解讀隔天的海況。

解讀完海況後，他回到漁業協會，對大家說：「明天下午以後會下雨，最好做好準備再出海。」

但是，根據氣象廳的天氣預報，明天仍舊是晴朗的天氣。

於是年輕的漁夫便說：「老爹，天氣預報說明天是晴天哦，出海沒有問題的。」

然而，隔天下午之後，海面果然開始降雨了。

對於十分瞭解漁場的老漁夫而言，官方的天氣預報並不可靠。他非常瞭解海上會有什麼樣的變化，有時陸地上是晴天，但漁場的海面那邊卻是狂風暴雨。這是從經驗累積而來的直覺。

從此以後，大家總會在出海前一天，習慣性地去問老漁夫關於海上的情報。當然，老漁夫為大家解讀海面的工作，是無酬的工作。即使如此，他仍然在黃昏的時候前往碼頭，為年輕的出海漁夫研判大海的狀況。

老漁夫在九十五歲時離開人世。

在他過世的前一天，年輕的漁夫們去探望他。那時他一直看著窗外，然後才對年輕的漁夫們說：

「明天中午開始海上會有暴風雨，要早點回來漁港。」

這好像就是老漁夫最後的遺言。我覺得他很完整地成就了自己的工作。

很多人在三十多歲、四十多歲的時候，就開始設想六十歲從公司退休後，還能夠繼續工作。

有人就會想：為了能夠繼續工作，一定要取得什麼資格證書才行。於是努力取得與現在的工作完全沒有關係的資格證書，認為那些資格證書總有一天可以派上用場。

能夠取得資格證書當然不是壞事。不過，取得證書並不表示就與資格證書相關的工作搭上線。

況且，若是資格證書與現在正在做的工作無關，那麼，好不容易得到的資格證書，會不會到最後變成一點用處也沒有的廢紙呢？

很多人會有這樣的擔心吧？

與其擔心這個，還不如專心於現在的工作。**不管是多麼微不足道的工作，**

只要做得夠久，就是一項了不起的經歷。
愈認真做，那個經歷就愈耀眼。年輕的時候努力累積起來的經歷，最後會成為豐富我們人生的寶物。

即使以後做了不一樣的工作，現在所做的努力絕對不會是白費力氣的事。努力工作的結果，一定會成為未來幫助你的力量。

現在的工作是為了賺錢，但即使這是現實，也不能眼睛只看到錢。這個月領到的薪水，可能這個月就會用完了；但是這個月努力工作的經驗，是可以累積起來，一輩子也不會用完的東西。

外出的時候
只攜帶最少量的必要物品

為什麼沒有拿著東西，
就覺得心裡空蕩蕩的？

我外出的時候，只會帶著最低限度的必要物品。

例如外出做法事的時候，我只帶著僧侶做法事時需要用到的物品；去大學授課的時候，只帶與授課相關的必要物品。我不會帶著與目的地無關的東西出門。

這是我從修行時代起便養成的習慣，並且多虧了這個習慣，讓我的內心總是能保持清淨。

至於**為什麼不帶多餘的東西可以讓內心清淨呢？**

那是因為那樣就可以集中精神在一件事情上了。

出門做法事的時候，我的提包裡只會有做法事時使用的物品，因為完全沒有多餘的物品，所以我的腦子裡只會想與法事有關的事。

如果出去做法事的時候，提包裡還有與學校授課有關的東西，那會怎樣呢？打開提包，看到大學授課用的資料時，我的腦子就無法集中在法事上了。

人類的思考，會被眼睛看到的東西所左右。眼睛看到多餘的東西，多餘的念頭就會從腦海裡跳出來，那樣就無法集中精神於眼前的事情上。

不知道女性的皮包裡有些什麼東西，但我常看到女性總隨身帶著沒有必要的大包包，即使只是稍微外出一下，也帶著好像要出遠門旅行的大包包。

那個包包裡到底裝了什麼呢？被裝進包包裡的那麼多東西，是當天必須使用到的物品嗎？

或許帶著那個大包包的女性本人，也不知道自己的包包裡有哪些東西。

很不可思議的，東西與東西之間好像存在互相召喚的力量。

女性的包包裡一定有很多化妝品吧！口紅是少不了的東西，但其他的化妝品恐怕也不能不隨身攜帶著。因為不帶的話，好像就會沒有安全感，於是就把所有的化妝品都放進包包裡了。

坐在電車內，打開大包包看，看到裡面有還剩下少許化妝品的瓶子，心裡便想著「已經剩下一點點，該買新的了」，便決定在下車的車站買新的化妝品。女性讀者可能有這樣的經驗吧？

可是，請仔細想想，瓶子裡剩下的化妝品雖然不多，但事實上應該還可以用個幾天，並不是今天就會用完了。

按照以往的經驗，或許還可以用上半個月。

然而，因為剩下不多而產生的不安感，便決定當下就去買新的。這就是物品會招來物品的例子。

如果那只化妝品剩下不多的瓶子是在家裡被看到的，會出現什麼樣的情形呢？

大概會輕鬆地衡量瓶內的分量，心裡這樣想「差不多快用完了。但是，再用一個星期也沒有問題吧」，然後會等到瓶內的化妝品真的要見底了才去買，這樣才是不浪費的購物行為。

隨身帶著沒有必要的物品，就是被沒有必要的物品綁架了，把沒有必要的物品當做必要品。

這種情形多了，就會讓沒有必要的物品掛滿全身。

我覺得房間也和包包一樣。當房間裡到處都是沒有必要的東西時，那些東西還會招來更多東西，佔滿整間房間。

所以應該盡可能地簡單化房間的內部，建立一個盡量不會看到多餘物品的清爽環境。

置身於清爽空間中的我們，內心自然也會變得清爽。

我們僧侶在正殿誦經，正殿裡當然沒有非必要的東西。

但是，如果正殿裡有許多東西，不僅有糖果、點心，甚至還有孩子們的玩具時，會出現什麼樣的情形呢？

如此一來，在這個地方累積修行、誦經的僧侶們，就無法集中精神，正殿也無法成為清淨的淨域了。

請理解一件事，那就是人的心，是會受到周圍空間與物品影響的。

「或許是必要」的東西，有九成是沒有必要的東西

今天你外出的目的地是哪裡呢？去那裡做什麼呢？目的又是什麼呢？首先要清楚這些事情。

再來就是，你需要帶什麼東西去今天的目的地？一定非帶不可的東西又是什麼？請把心思集中在這些事情上。把「雖然覺得這不是必要的東西，但還是帶著以防萬一」的東西，放在家裡吧！

「或許是必要」的東西，通常有九成是沒有必要的東西。

如果能夠養成「只帶必要的東西」出門的習慣，就不會有忘記帶東西的事

情發生。有人會說「我經常忘記帶東西」，確實有這樣漫不經心的人。但是，這種人不只是漫不經心而已。**經常忘記帶東西的人，通常也是搞不清楚什麼是必要之物，什麼是非必要之物，這種人是看不清楚必要與非必要界線的人。**

那麼，現在就請打開包包，檢查包包裡的東西！

請把你包包裡明顯不是必要之物的東西拿出來。

如何？你包包變輕了吧？然後，請把從包包裡拿出來的東西排在眼前，仔細地看看那些東西。這時你應該就會發現，那些東西就是佔據了你內心的不必要慾望。

期待回報的人生，終將讓我們的心變得貧乏

不要把「give and take」的想法帶入人際關係中

英語有一個用詞是「give and take」，這個詞語反映了歐美人的價值觀，意思是給予，然後得到回報，是一種公平的交換，理所當然的事。給予與被給予，都是做為人的責任與義務。

這個想法的本身當然沒有疑問，但是東方人好像不太習慣這樣的想法。「give and take」是非常注重結果的，認為自己給對方十，所以對方也應該還給自己十。也就是說，在「give and take」的價值觀裡，「回報」是一種義務。

日本人自古以來就有「互助」的想法，伸手去幫助有困難的人，是做為人都應該做的事。

就算自己給對方十，對方沒有還給自己十也沒有關係。因為自己也會有遭遇到困難的時候，相信那時周圍一定會有人伸出援手來幫助自己。

這不是要求回報，而是在「互助」的觀念下衍生出來的想法。我認為這種溫暖的觀念，在很久以前就深植於日本人的內心裡。

如今，可能是歐美價值觀變成主流，或實務性的思考方式被認為是理所當然，我總覺得人們的「互助」精神已經逐漸薄弱了。

例如請朋友吃飯這件事。現在有很多人認為：因為這一次我請朋友吃飯，下次吃飯的時候，就該朋友付錢了。你是不是也這樣想呢？為了維持朋友之間的持續關係，一般來說確實會那樣。但是，也有沒辦法做到「這一次你請吃飯，下一次由他請吃飯」的情況。

朋友因為沒有工作，經濟上不大方便，所以總是讓你付錢、請吃飯。這種時候你會怎麼想？

會覺得「老是自己付錢，實在很吃虧」？於是決定不再和這個朋友邀約見面、吃飯。如此一來，你與朋友的關係可能就會斷了吧？如果是因為這樣的理由，而中斷了朋友間的關係，我認為那不是真正的朋友。

反過來說，老是讓朋友請吃飯的人，會怎麼想呢？雖然心裡覺得抱歉，也很想「**被請三、四次時，至少也要回請一次，但口袋裡實在沒有錢。既然如此，或許不要再見面比較好**」。我覺得會這樣想的人，是誠實的人。

但是，如果朋友之間的關係，因為這樣的因素而無法維持下去，我覺得太可悲了。

只求回報的人生，會讓溫暖的緣分溜走。

給五的時候，也希望拿回五；請吃一千圓的午餐，希望下次對方可以回請一千五百圓的餐點，腦子裡總是存有「give and take」的想法，事事都用金錢來做判斷。這是商業交易的模式，用在商業的經營上完全沒有問題。但是，如果把這種模式帶入人際關係的時候，人與人之間的溫暖關係將會愈行愈遠。

人生的收支表總是曖昧的

某位女性曾經說過這樣的話：

「他生日的時候，我送給他價值一萬圓的禮物，希望我生日的時候他能送我三倍於那個價錢的禮物，或至少也要兩倍於那個價錢。」

或許這是開玩笑的時候說的。但如果她是認真的，不覺得那是很可悲的想法嗎？

買東西送給自己喜歡的人，是因為重視那個人，所以雖然覺得是有點貴的禮物，還是買來送給他，希望能看到他開心的臉。這種單純的心意，是非常可貴的。

把禮物送出去時，對方滿心喜悅地說「謝謝」，這就是最好的回報了。「謝謝」、「謝謝請我吃飯，真的很好吃」，這樣的感謝之詞，難道不就是最好的回報嗎？

如果你是為人父母者，送禮物給自己最愛的孩子時，你會渴望孩子回送禮物給你嗎？你只是想看到孩子喜悅的表情吧？難道你不是這麼想的嗎？

你可能已經忘了送孩子禮物的事，忘了孩子十歲時你送給孩子什麼東西。但是孩子會記得，並且在長大成人後，也還會深深記得拿到禮物時的喜悅心情。

於是，孩子長大以後，會拿自己工作賺來的薪水「回報」父母，並且加上「謝謝你教養我長大」的感恩之詞。對父母來說，沒有比這個更好、更令人欣喜的回報了。

不只親子之間如此，我覺得成人之間的關係也是一樣的。不管是送什麼人禮物、請什麼人吃飯，都用不著記在心上。

執著於「要送什麼」時，想得到「回報」的意念就會湧上心頭。**當一個人執著於「回報」的時候，自己的心就變得貧乏了。讓給人恩惠的這種事，在給過之後就隨風消逝，不要記在心裡。**

不要有「give and take」之心，要有「互助」之心。在漫長的人生裡，如果什麼事都要列入金錢的收支表的話，會發現最後的收支結果都是零。如果真的想要有「正」的收支，那就只用心在工作這一項收支上！無論如何，人生的收支表，怎麼算都是算不清楚的。

首先，你試著放手百分之一了嗎？

物慾癖治得了嗎？

「已經擁有很多了，而且明知道不是必要的東西，卻還是一次又一次地想要得到、買回家。要怎麼樣才能改善這樣的個性呢？」

有人這樣問我。但我覺得這種情況不是個性的問題，這種情況是癖性的問題。那麼，要如何治療這種癖性呢？

我的回答是：

「首先，在你擁有的東西裡拿出其中的一件，把那件東西丟了。只是百分之一也沒有關係。不是突然要你放棄很多東西，就從百分之一開始放棄吧！」

舉例來說，打開你的衣櫥看看！

裡面的衣物恐怕在一百件以上吧？

從外套到毛衣、襯衫，不同季節的各種衣服，全部合起來算的話，或許有一百件。這麼多的衣服，其中一定有買回來以後，一次也沒有穿過的吧？甚至還有買回來後就忘了它的存在的衣服。

可是，也不管已經有這麼多衣服了，一旦上了街，看到新的衣服又想買。老實說，這不全然是你的問題，因為商家也出了很多花招來吸引客人買東西。

那些充滿誘惑力的廣告，會一再勾起你的購物慾。會不會被商家的廣告吸引，就全看自己的定力了。

再回來說要如何治療物慾癖，我覺得就從放手你衣櫥裡的一件衣服開始！

要放手一百件衣服裡的半數，是非常困難的事。除了非放手不可的狀況外，要丟棄普通生活中的半數物品，確實很難辦到，我也覺得沒有那麼做的必要。說起來，連一次就放手百分之十的東西都很困難。

一百件衣服裡要放手十件，會讓人很猶豫，但是，只放手一件的話，應該是辦得到的事情。

你一定有覺得可能不會再穿的衣服吧？或買回家後，才覺得並不適合自己的衣服？請你就放手那件衣服。

或許你會覺得：一百件裡只放手了一件，那沒有什麼差別吧！

不，有差別，至少你會實際地感到放手一件衣物的感覺。放手之後，你會知道你的生活並沒有什麼改變，而且還能感到放手之後的清爽感。

這一步與改善物慾癖有很大的關係。

買想買的東西，當然是一件愉快的事情。但是，放掉手裡一件物品的清爽感，也是很痛快的。

整理沒有必要的東西，讓整個房間變得清爽，而置身在那樣清爽的房間裡，人的心也會自然地清爽起來。**當你發現丟棄東西也能帶來喜悅時，很奇怪的，你的慾望就會變少了。**

無私心而放手的錢，一定會再流轉回來

放手一點點東西的這件事，或許也可以用在金錢上。

例如：現在錢包裡有一萬圓，走在路上的你，看到了車站前有抱著募捐箱的孩子們。孩子們對你說：「請幫助紅羽毛募捐行動。」於是，你的心裡油然湧出想要幫助的心念。

但是，要拿出自己一萬圓的百分之十，也就是一千圓，恐怕是需要勇氣的，會覺得有點捨不得。

捐錢這種事沒有必要勉強。不過，若是只捐一萬圓的百分之一，也就是只捐一百圓的話，應該會不假思索地爽快拿出來捐！我覺得這樣就可以了。

少了一百圓，對生活不會造成任何影響。可是，還是有人連一百圓也很在意，即使是很少的錢，也不願意從錢包裡掏出來。因為一百圓可以買一罐罐裝的咖啡了。

這樣的想法當然也沒有錯，可是，連百分之一都不能放手的人，結果就是

執著心太強了。執著心這種東西愈強，就愈會讓自己痛苦。

何謂對錢放手呢？

並不是說要你把錢丟到水溝裡，也不是要你隨便輕率地亂撒錢。**放手的錢，是指用在自己以外之人身上的錢。**

例如捐錢給有困難的人；或者，給公司的同事們買點小土產，都算是把錢用在自己以外的人身上。**不是為了滿足自己本身或慾望的錢，是為了別人而使用出去的錢，都是放手的錢，那樣的錢是貴重的錢。**

還有，**沒有私心而放手的錢，最後一定還會回到自己的身邊**。

這個意思並不是錢變多了，然後回到自己的錢包裡，而是錢變成了溫暖而體貼的心，變成金錢無法衡量的東西之後，回到我們的身邊。一點點地放手金錢，幸福就會一點點地靠過來。我認為世事確實如此。

與金錢價值觀差距太大的人結婚，生活會很辛苦

對金錢的價值觀，就是自己的生活方式

對金錢的價值觀，會表現在使用金錢的方法上嗎？

每個人使用金錢的方式不一樣，而那樣的價值觀是怎樣養成的呢？我認為每個人使用金錢的方法，是看著父母的背影養成的。

如果父母是浪費、完全不懂得儲蓄的人，在那樣的環境下長大的孩子，大概也會和父母差不多！父母如果小氣，孩子大概也不會是大方的人。

金錢的使用法雖然不是由父母直接教導，但是看著父母的背影成長的孩

子，自然而然地會受到父母的影響，和父母有著類似的用錢方法。

當然，一個人的用錢方法也會受到成長為大人的過程的影響。雖然在浪費的父母教養下成長，但在成為大人的過程中，因為種種的經驗，用錢的方法慢慢調整、修正。

只是，一個人曾經養成的對錢的價值觀，是不會輕易就改變的，因為那也是自己的生活方式。

總之，對錢的價值觀被否定時，就如同自己的生活方式被否定了。人們對錢的看法，就是這麼重大的事情。

在經營婚姻生活時，如果兩個人對金錢的價值觀有很大的差別，那麼婚姻生活一定會變得很困難。

例如：一個是節儉之人，只要能存到錢，就覺得很高興；另一個卻喜歡花錢，為了享受人生而不惜金錢的支出。

這兩個人如果沒有結婚，沒有生活在一起，應該沒有太大的問題，但是一旦結婚生活在一起，相處起來必定會有種種困難。

結婚前會時時注意著對方的感受，或想表現自己好的一面給對方看，更會努力配合對方的觀感。在那樣的情況下，實在不容易看清楚雙方對金錢所抱持的價值觀。

在開始之前，就應該知道彼此不能讓步的底線

有這麼一個例子。

有一對戀人，男方是一個有氣度又大方的人，兩人約會時的開銷，總是男方支出。不只如此，和朋友或後輩一起聚會用餐，男方也會替大家買單。

「這個人用錢的方式很帥呀！」

女方似乎被男方的大方態度深深吸引了。

兩人很順利地結婚，現實的生活也從這裡開始了。

結婚以後，女方發現男方的薪水比想像中的少，而且婚後仍然像以前一樣，在外面大方使用金錢。當兩人還是情侶的時候，男方的大方是帥、是優

點，可是結婚之後，那樣的大方卻會傷害家計。

女方對男方說「控制一下用錢吧」，得到的回答卻是：「年紀大的男人多出點錢，是應該的！我父親就是這樣教我，而且，我家鄉的人也都這樣。」他一點也不覺得自己浪費錢，只認為自己做了理所當然的事。

我認為這樣的話，他們兩人很難共同生活下去了。

因為他們兩人誰也沒有做錯事，沒有做錯事，就沒有什麼檢討的必要。而且，改變一個人用錢的方法，等於改變一個人的生活方式，那是更加困難的事情。

很遺憾的，聽說這對男女在結婚三年後，就以離婚收場了。

真的沒有誰是誰非的問題，只是很難繼續一起生活下去，所以最後只好分手。

為了避免這樣不幸的婚姻，我覺得婚前有必要確認清楚彼此對金錢的價值觀。當然，兩人的金錢觀不可能完全相同，因為即使是來自同一個家庭的兄弟姐妹，也會有不一樣的地方。

只是，即使沒有百分之百相同，至少有百分之六十是一樣的，或者，雙方的差距最好在彼此可以接受、妥協的範圍內，那樣會比較好吧？

任何人都有一條不能妥協、無論如何都要守住的底線。那條底線到底在哪裡，只有自己最清楚。

對金錢的價值觀，可以說是一個人的核心，要試著和對方仔細比較。就像你有一步也不能讓的底線，對方也和你一樣有不能退讓的底線。人與人的關係裡，確實存在著絕對不能妥協的事情。

如果在交往的過程中，就清楚地看到彼此不能妥協的地方，我覺得那就是雙方無緣。金錢觀方面的不一致，尤其難以修改，而且不論是由誰來修改自己的金錢價值觀，都是很勉強的事。

成長的環境是無法改變的，勉強去改變只會造成更大的壓力。雙方最好在結婚前，就讓對方明白自己不能相讓的底線到底在哪裡。

重新評估多餘的交際費吧！

一百個朋友不如一個可以打從內心信賴的朋友

在日常生活的費用裡，有屬於意外支出的一個項目，那就是所謂的交際費用。例如朋友結婚的禮金，又例如舊友身故的奠儀等等。

這些用在婚喪禮儀上的錢，是經營社交生活少不了的支出，不能小氣的開銷。與其說這種開銷是交際費，或許更應該說是必要的費用。

不過，我想在這裡討論的，是平日的交際費用。

公司的同事或下屬邀約的時候，就跟著去了。假日裡朋友來邀約時，雖然不是很方便，卻還是去了。這都是經常會有的情況。而且，有時候明知道這個月已經沒有零用錢了，卻還是因為被邀，就跟著去。

雖然每一次應邀出去時的花費並不高，可是應邀出去的次數多了，累積起來的花費自然就是一大筆。

如果就是很想去，那也是個人的自由。

如果和同事一起喝酒，可以抒發內心的壓力，那麼和同事喝酒的交際費用，就不算是浪費。如果假日和朋友一起出去，心靈可以因此得到放鬆，那麼花這種錢也沒有關係。

但是，不要有明明不是很想去，卻還是勉強去了的情況。

有些人被稱做是「社交裡的好人」。這種人邀他喝酒一定去，幾乎每天都有人邀約，他便幾乎每天都陪人喝酒。那樣的人好像非常受歡迎，但是也有人會認為那樣的人是「濫好人」。

那樣的人心裡恐怕是不想被討厭，希望被大家喜歡，不想被排除於同伴群之外，所以才會每次都應邀出去。

有時未必真的想去，但因為擔心拒絕的話，會引起對方的不快，所以還是去了。這不是太瞻前顧後了嗎？

我認為那樣的瞻前顧後是沒有意義的事。

朋友愈多愈好，認識愈多人愈好，每天的行程都排得滿滿的，每天都有人來打招呼，最好能做這樣的人。如今，有這種幻想的人愈來愈多。

於是不擅長與人交際的人，便產生了沒有必要的複雜情結。因為沒有人來邀約自己，覺得沒有朋友，自己一定是個不好的人，於是封閉了自己的心。這樣的人似乎愈來愈多，我認為這是只注意表面人際關係的風潮所造成的。

世界上沒有與任何人都不和、和任何人都做不了朋友、會被任何人拒絕的人。每個人都可以找到能夠分享心事、可以在他面前完全暴露自己弱點的朋友。但可以讓自己全心信賴的朋友，是必須努力去尋找的。

就算周圍有一百個人，你也沒有必要和那一百個人都有往來。

只要能在那一百個人裡找到一個與自己合得來的人，那樣就很好了。想和一百個人都做朋友，只會讓自己愈來愈痛苦，更何況同時和一百個人裡的每個人都做好朋友，基本上是不可能的事。

無謂的交際不僅浪費金錢，也浪費了寶貴的時間

有一、兩個能夠真正互相體諒、互相瞭解的朋友，就非常好了；如果能有三個，那就要覺得自己真是賺到了。請珍惜與真正朋友的關係。

相互體諒的關係，是打從內心為對方著想的關係，不是表面上的交往，而是能做心與心溝通的關係。

例如：這次的假日，對方邀約一起去玩，但是你有別的事，也擔心沒有足夠的零用錢可以去玩，所以拒絕了那個邀約。

「這次的假日正好有事。下一次吧！」

當你這麼說時，如果是真正的朋友，就會什麼理由也不問地回答你：「好吧！那就下一次再去。」

如果一直問你因為什麼理由不能去，又因為你的拒絕而感到不愉快，那麼那個人就不能說是真正的朋友。

我認為沒有必要和那樣的人做過多的交往。當然也用不著特地去和那樣的

朋友吵架，因為你和對方一定就會自然而然地疏遠了。

因為交往的狀況不是那麼順暢而離開你的朋友，就放手讓那樣的人走吧！沒有必要勉強自己去配合相交，這也是一種緣分。勉強自己與朋友交往，結果只會讓自己痛苦而已。

不要一心想要擴展人際關係。在網路的力量下，如今的時代是人際關係臃腫化的時代。很多人通訊錄裡的名單多達幾百個人，其中或許還有從來也沒有見過面的人。

那些人真的是你的朋友嗎？

只是單純的「認識的人」吧？不，或許連「認識」也不是。那樣的「虛擬朋友」數目就算再多，你的人生也不會因為他們而變得豐富。

每天和不一樣的人去喝酒。到假日就和某些人出遊。與其做那些事，還不如每個月和真正能互相體諒的朋友通一次電話，這才是更有意義的事。

再回來說交際費的問題，交際費是為了什麼而存在的呢？

除了用於婚喪喜慶的金錢之外，我認為所謂的**日常交際費，就是用來深化**

朋友交情的金錢。那是為了連繫與重要朋友的羈絆，為了增加彼此的瞭解而支出的花費。交際費不應該就是這樣的嗎？

對你來說，**沒有必要的交往不只是浪費你的金錢，也浪費了你寶貴的時間。獨自思考的時間、與自己面對面的時間，都是非常貴重的時間。**千萬不要浪費了如此貴重的時間。

你的周圍有數也數不盡的各種緣分，何不好好地整理、釐清那些緣分呢？

不是要你強行斬斷緣分，也沒有必要突然就與人交惡。只要靜靜地看著那些會自然消失的緣分，讓它慢慢地流逝就好。

CHAPTER

4

不要被錢左右，不要因錢而動搖，把持住自己的軸心

如何與物慾、執著相處

整理分散在內心各個角落裡的物慾的簡單方法

你現在想要的東西，
確實是必要的東西嗎？

人的身體裡潛伏著一個叫做「物慾」的魔鬼。吃得飽、住在不怕風雨的安全地方，也沒有生什麼大病，這樣可以說是衣、食、住都已獲得滿足了。對人類來說，這就是最大的幸福了。

很多讀者可能會說：這只是最基本的幸福吧？

那是人為了活下去的最低限度物質，有了那些東西，原本就應該感到滿足了，但是，我們的慾望卻不允許我們因此就感到滿足。不滿足於現在的幸福，就會想得到更多的物質。

這就是潛伏在人們的心裡，名字叫做「慾望」的魔鬼。我們做禪的修行，可以說就是為了與那個魔鬼戰鬥。

很多人被物慾的魔鬼佔據了心靈，明明已經有一個東西了，卻還想要另一個新的東西。不管是包包還是衣服，在街上走著走著，突然看到了就想得到。物慾這種東西，是怎麼樣都不會感到滿足的，即使才剛到手一樣東西，也會很快湧上買新東西的慾望。

物慾會招來物慾，而且不會停止地繼續召喚新物慾。從某種意義來說，物慾可以說是人類的可悲個性。

那麼，有能夠逃離這可悲個性的方法嗎？請記住以下這個想法吧！

對自己來說，什麼是現在最必要的東西？擁有客觀而能看清楚這件事的眼睛，是非常重要的事。

如果是真正的必要之物，即使是困難，也要把它拿到手。例如做的工作非有電腦不可時，那就一定要去買。但是，現在正在使用的電腦還可以用，有必要去買有新機能的電腦嗎？現在用的手機還可以使用，有必要去買新的手機嗎？

現在自己想要的東西，真的是必要的東西嗎？請你以冷靜的心情，好好地思考看看吧！

請整理一下散落在內心各個角落裡的慾望，並將那些慾望分為三類記錄下來，首先列出必要之物與想要之物。

第一類，覺得是絕對必要之物。

第二類，有的話也很好，但不能說是必要之物。

第三類，想要的東西，但不是現在的必要之物。

瞭解什麼是「重要的東西」，人就會覺得幸福

分成三類的東西裡，只有第一類是你應該買的東西。那是絕對必要的東

西，是你可以買的。

不要去買第二類和第三類的東西。要忍耐不去買第三類的東西很簡單，因為那是現在沒有也無所謂的東西，只要稍微忍耐一下，就過去了。比較難忍耐的是第二類。因為有了那樣東西的時候，是對自己有幫助的，而且也是自己喜歡的東西，所以要讓慾望不去看第二類的東西比較困難。

在你記錄下來的東西裡，恐怕屬於第二類的最多，而第一類的必要東西應該最少，因為第一類的東西基本上應該都已經在自己的身邊了，就算有新的必要的東西，數量也不會多，頂多只是一、兩件！

至於第三類的非必要之物，其實也不會讓人湧出太多慾望。因為知道那不是必要的東西，所以反而不會有太想得到的渴望。

問題真的就在第二類的東西，第二類的東西恐怕就會成為你的壓力。但請注意，那樣的壓力其實是你自己製造出來的。

舉個具體的例子來說，例如：對女性來說是必需品的包包數量，大概是三個！一個是工作時使用的提包，裡面裝的是公司用的文件、資料；一個是參加婚喪禮儀時用的包包，那是成年女性的必需品；再來就是日常生活時使用包包，或外出出遊、假日時用的包包。

有上述的三個包包，其實就足以應付日常生活。可是，因為不想老是拿相同的包包去上班，所以就會希望有一個替換的包包。而這個替換用的包包，就屬於第二類的物品。

沒有買第二個包包就不能開始工作嗎？因為總拿同一個包包而覺得難為情嗎？拿相同的包包到底有什麼好難為情的？對誰覺得難為情了？

我覺得所謂的難為情，根本只是自己的幻想。因為被沒有必要的難為情束縛了，所以強迫灌輸自己不買不行的想法。這不是很愚蠢嗎？

為了成為僧侶而四處遊歷修行的雲水時代（譯注：雲水僧意指行腳僧。遊方行腳的僧人，就像行雲流水一般自在無礙，所以稱為雲水僧），個人可以使用的空間就是一張榻榻米大的地方。舉凡僧人的寢具、作務衣、個人的餐具、修補衣物用的必要裁縫道具等等，都要收放在那個空間裡。

我在進入雲水時代的修行生活，置身於一張榻榻米大的空間時，突然有了令自己豁然開朗的想法。

我面對著最低限度的生活用品，想到：「人所需要的東西、為了生活下去的必要之物，其實只有這麼多而已。」發現到這一點後，我突然有一種十分清淨而舒服的感覺。至今我還記得那時的感覺。

現在自己所需的最低限度物品是什麼呢？希望大家能常常問自己這個問題。但是，聽到「最低限度」這幾個字眼時，有人馬上就會產生負面的印象，會覺得：只有那一點東西能過活嗎？對「最低限度」的物品深感不以為然。

其實「最低限度」的物品，換言之就是「最重要的物品」。是對自己而言最最重要的東西。是對人生來說最缺少不了的東西。我覺得人若能看清楚這一點時，就能感受到幸福。

那些被物慾虜獲心靈的人們，也就是看不到什麼是人生中真正重要物品的人。不是嗎？

為什麼因為錢而感到不安？

因為過去的事物或還沒有到來的事物而操心，是沒有意義的事

好像有很多人對未來感到很不安，尤其很多女性生活在對金錢感到不安的環境中，雖然才三、四十歲，已經開始擔心老後的事情了。到了六十歲時，能拿到年金嗎？只靠年金的生活一定很辛苦，所以一定要在那之前有足夠的積蓄才行。總之，無論如何一定要有住的地方才行，因此要買一間屬於自己的房子。

或許是時代的關係，像上述那樣對未來感到不安的人，確實在增加中。誠如「有備無患」這句話，為了將來，儲蓄確實是一件很重要的事情。可是，太過不安、被不安所控制的話，人生就無法過得生氣勃勃。

當然，誰都會有不安的情緒。在別人眼中無憂無慮的人，其實心裡也有讓他感到不安的事情，我還沒有見過心裡完全沒有不安之感的人。

人不是不能有不安，只是必須懂得控制心中的不安。我覺得更重要的是，必須認真面對讓自己感到不安的事情。

過去、現在、未來，佛教稱這三者為「三世」，我們就生活在這三世之中。按照禪的思考，這三世之中最需要重視的，就是「現在」。不過，與其說重視「現在」，不如說我們人其實只能擁有「現在」。

把視線投向過去，只能徒感無奈；而煩惱未來還沒有發生的事，也只是徒增苦惱，沒有意義。比起過去與未來，「當下」的這個時間裡，集中了所有事物。禪教我們要「活在當下」。

確實面對不安的瞬間，不安就消失了

請想想看。我們懷抱的「不安」，位於「三世」中的哪一世呢？

有人因為過去感到不安，例如說：曾經因為沒有錢而困苦不安。可是，那已經是過去的事了。且不管是用什麼方式解決「因為沒有錢而困苦不安」的，過去的不安如今已經消失了。不就是因為戰勝了過去的不安，所以現在能這樣地活著嗎？也可以說，已經忘記過去的不安了，所以現在能這樣地活著。

或者，你的不安是位於「現在」之中嗎？例如：你現在正懷抱著某種不安，那可能是「因為沒有足夠的金錢去處理必要的事情」的不安。如果這就是你現在不安的原因，那麼，你應該沒有時間東煩惱西煩惱，而是應該要趕快做點什麼事情，去解決眼前的不安吧！

要解決不安，就必須做各種努力，也就是說，現在的你應該處於與不安戰鬥的狀態。**人在認真戰鬥中時，是感覺不到不安的**。如果今天沒有食物可以吃了，你一定會拚命去找可以得到日薪的工作！會努力地勞動自己的身體，換取可以得到一天食物的金錢。

說起來人類真的很不可思議，拚命起來行動時，不安的心情就會消失無蹤。什麼也不做，只是靜坐在那裡空想時，內心就會不斷湧出不安的感覺。也就是說，在「現在」的不安，只要認真地去面對，不安就會消失了。

再來說位於「三世」中的「未來」的不安。

真正的不安潛伏在「未來」裡，因為看不到結果，所以確實會讓人感到不安。「如果錢不夠，怎麼辦？」、「如果沒有地方住，怎麼辦？」、「如果孤單一個人，怎麼辦？」……這些不安都是我們的心自行去尋找，自行在心裡增生的。在未來裡的不安，不是「存在不存在」的問題，而是「自己創造出來」的問題。

如果被問：「對將來感到不安，要怎麼辦呢？」

我只會這麼回答：「到時候再想吧！」

乍聽之下，或許會覺得我的回答很不負責任，也或許覺得我的回答太樂觀了。可是，能做為那個問題的回答，也只有那句話了。

「煩惱那麼多也沒有用。也只能等不安的事情變成了現實以後，再去想解決方法。」這就是我現在的想法。

上天賦予人類「總有辦法」的能力。例如：即使已經走投無路，我們卻還能在艱難中發現「柳暗花明又一村」。要相信我們是有那種能力的。

對金錢感到不安，當然不是輕鬆的事，在經濟高度成長的時代，人們都會因為金錢而感到不安了，更何況是不景氣的現代。人們對錢感到不安的程度，確實愈來愈嚴重。可是，老是把不安放在心上時，人生的路只會愈走愈暗淡。

把對將來的不安放到一旁，專心地看著當下的一瞬間吧。

早上醒來時，打開窗戶，讓新鮮的空氣包圍著自己，讓眼睛看著蔚藍的天空。這時的你，一定會有神清氣爽的幸福感吧？請珍惜那一瞬間的幸福。

請感受一下每天都能像現在這樣地活著的奇蹟般幸福。那奇蹟般幸福感，會讓你瞬間忘記多餘的不安。

控制慾望的簡單方法

在第三次的時候，才下手買想要的東西

街上有許許多多的東西，百貨公司的櫥窗裡，成排地擺著吸引人的商品。置身於消費社會的我們，面對那麼多有魅力的商品，要控制我們的慾望，真的很不容易。

做為僧侶，盡可能地降低慾望，也是我們的任務。

因為僧侶也是人，所以也無法做到零慾望的程度。尤其是年輕的僧侶想要得到某些東西，也是可以理解的事。看到電視或雜誌上的商品廣告時，心裡想

著「這個東西真好呀」，是人之常情吧？

在這樣的環境裡，我們僧侶要如何讓慾望過去呢？

無他，就是不要去看那些會引起我們慾望的物品。

老實說，我們僧侶一年三百六十五天，每天都過著相同的生活。

早上四點起床，開始坐禪，等待每天的唸經活動。然後就是打掃殿堂和走廊。用完早餐後，便開始各種被分配的工作，或讀書、學習，修理、維護各種必要的器具。

不管是在盛夏，還是嚴冬裡，都不會改變那樣平淡的生活。在那樣平淡的生活裡，慾望並沒有趁虛而入的機會。

因為沒有遇到慾望的對象，就不會有「想要什麼東西」的餘地。以身上的穿著來說，僧侶只需要有僧侶的正裝和作務衣，也就足夠了。

我也是一年三百六十五天，幾乎每天穿著作務衣或僧侶衣過日子。不管是去大學授課，還是為了「禪庭園」的事情出國，即使參與政府會議，我也是穿著平常的衣服、作務衣，從來不用煩惱「今天要穿什麼好呢」。

我覺得這樣真的太輕鬆了，這或許可以說是僧侶的特權。

像僧侶一樣，能把周圍的慾望物品關在門外，當然是最好，但是一般人卻很難做到這一點。

在去公司的路上，兩邊街道琳瑯滿目的商品，在在誘惑著人心。那些漂亮的衣服總是會跑進眼睛裡，要把那些吸引人的東西關在門外，裝作看不見，是何其困難的事。

為了與那麼多的慾望物品戰鬥，我有一個建議，那就是「第三次再下手買吧」。

走在路上，看到了一個漂亮的包包，情不自禁地走進店裡，拿起包包來看。於是，慾望便油然而生。

再看那個包包的價格，雖然對自己來說有點貴，可是好像還是可以買。好吧！就當場買了。

這種衝動型的購買行為，很多人都有這樣的經驗吧？可是這種衝動的購買行為，是不是缺少「買到了！真好」的感覺呢？

「還是不應該買」、「應該再考慮一下再買」——當我們在別的店裡看到更好的包包時，經常就會產生上述的想法。

不要在想要的那一天就買，忍過那一天吧！

例如一個星期後再去那一家店看看，這一次也要忍住，不要買就回家；過一個星期後，再一次去那家店看。第三次看到那個東西時，如果還是想要，那麼就買了吧！這個時候已經沒有再忍耐慾望的必要了。

我之所以會提出這樣的建議，是因為幾乎沒有女性會這樣三次去店裡看同一件東西，連兩次都很少。

通常第一次忍住沒有買以後，就會結束對那個商品的慾望。初次見到那個商品時的慾望，在離開店家後就會愈來愈小，最後遺忘了那個商品。

請注意到一件事：會讓人第二次、第三次去看的商品，事實上少之又少。能記住這一點的話，我認為就可以減少浪費的購買。

像風帶走雲一樣的，讓慾望消失吧

再推薦一個可以忍過購買東西慾望的方法！這是讓自己不會被商品迷惑的方法。簡單的說，就是快速地忘了那個商品。

昨天看到的包包，到了今天還一直浮在腦海裡，上班的時候也一直想起那個包包的模樣。這就是被慾望束縛了心智的狀態，這是無意義的事情。

不要一直持續「想得到」的心情。

誰的心裡都會產生「想得到」某個東西的心情，但是，不要讓那樣的心情一直停留在自己的心裡，因為那會讓自己的心走向執著。

人的執著心，是各種煩惱與痛苦的源頭。

從前有個有名的和尚，叫一休和尚。

一休和尚有一次和弟子一起走在市井之中，聞到了從某一家店裡飄散出來的烤鰻魚味道。

「啊！烤鰻魚的香味太美味了。」一休和尚不自覺地說道，但弟子卻因為師父的這句話而震驚。

「師父，您說這麼腥臭的話好嗎？」弟子忍不住看著師父。弟子認為身為僧侶，是不可以對鰻魚的味道有慾望的。

不久，兩人回到寺院，弟子終於開口說了：

「那個鰻魚的味道好像很美味呀！」

對於弟子的這句話，一休回答：

「你的心還在那個上面嗎？我已經完全忘記鰻魚的味道了。」

一休的話沁入弟子的心脾。「**有慾望不是壞事，因為那是人的本性，是無可奈何的事。只是，不要把慾望留在心裡。**」這就是一休想傳達的信息。

看到現代人的慾望時，一休會怎麼說呢？

應該會說「**不要被想擁有物品的想法束縛，要像風帶走雲一樣的，讓慾望咻——地流走**」。

因為虛榮心而花錢了嗎？

不恰當的用錢方法，只會讓自己後悔和自我厭惡

只要生活在社會中，就不能無視別人的存在，會與周圍的人做比較。被對方領先時，就會嫉妒對方，自己超越對方時，就會感到開心。

互相切磋琢磨，一起成長當然不是壞事。但是如果不是那樣，而是單純地愛比較，讓自己一下子喜一下子悲，那就不好了。雖然明白別人是別人，自己是自己，可是還是會在某些地方與人做比較，這就是人。

例如在錢的使用方法上，你有沒有在這件事上和別人做過比較呢？鄰居買

了新車後，就想著自己家也要買車。朋友買了新的飾物，就好像在競爭似的，自己也要去買。總之，這種情形隱藏著人的虛榮心。

誰都有追求虛榮、講排場的心理，希望自己的優點能被大家看到，希望讓別人覺得自己用錢很寬鬆。在這種心理下，會出現不該用而用錢的情況，但是這種不恰當的用錢，卻常常在事後讓人懊悔不已，甚至厭惡起自己，反而沒有因為花了那些錢而得到滿足。

女性雜誌的標題上，經常會看到「升級」這樣的字眼。人都有希望自己比周圍的人高一級的憧憬。「升級」會讓人有優越感，有優越感的人走起路來就會抬頭挺胸。這種憧憬的心理不僅女性有，男性也有。

但是女性雜誌關鍵字的「升級」，說的到底是什麼呢？

是說有了什麼，就會出現等級上、下跳動的情形嗎？那又是什麼和什麼對比之下的等級呢？與其說不明白說的是什麼，不如說根本看不到實際的對比狀態。

運動世界裡的等級，是可以看到實態的，那是明確的東西，第一名是一種足以激勵人心的目標。但是，我們的生活裡並不存在著那樣明確的等級（什麼樣的生活才是第一名呢）。

明知道是不存在的東西，卻還特地創出了那樣的詞，讓人去尋找可以和別人做比較的材料。總之，女性雜誌裡所謂的「升級」，就是為了要做比較，而創出來的幻想用詞。

「平均」與「常識」，則是那個幻想之下的產物。

例如：「職業婦女每天午餐的平均支出是八百圓」，又如「女強人擁有高價位的飾品，是一種常識」。千萬不要被那樣的「平均」與「常識」迷惑了。

別人都吃八百圓的午餐，但我吃的午餐是一千圓，所以我是「升級」的。因為以當女強人為目標，便勉為其難地節省伙食費，買了高價的飾品來裝飾自己。

我覺得那是何等膚淺呀！

只要客觀地去看，就知道一個人是不是女強人，誰也可以看出高價飾物的淺薄。

我不做那種膚淺之事。或許很多人會同意那種想法，但是，請捫心自問，你真的在意那個所謂的平均嗎？

相信那種沒有根據的常識嗎？

是否只是因為追求虛榮而浪費地使用了金錢呢？

是否因為與他人做比較，而迷失了自己的心？

和自己比，不要和別人比

禪教導我們不要和別人做比較。和別人比較時，心裡會生出多餘的慾望，煩惱和擔心的事情也在做比較時冒出頭來。

在意別人是理所當然的態度。**但是，在意別人與和別人做比較，是不同的事情。在意別人是以溫和、體貼的心去關注他人；但是和別人做比較時，是存著嫉妒的心，並以對方的不幸為喜悅。**

禪還教導我們「應該做比較的不是自己與他人，而是自己與自己」。

請比較一下一年前的自己與現在的自己。其中應該有所成長吧！看得到這一年來的積蓄嗎？說得更精細一點，請比較一下昨天的自己與今天的自己。看到這一天的成長了嗎？

虛榮、擺場面這種事情也是一樣。不要擺場面給別人看，要擺給自己看。擺場面給自己看，關係著自己的成長。

例如上司派了一個工作給你，而那個工作的難度超越了你平常的能力。於是上司帶著些微的擔心問你：「你做，沒有問題吧？」

這個時候就是你對自己擺場面的時候了。你必定會毅然決然地回答：「沒有問題，請讓我來處理。」

雖然看起來好像是你在對上司擺場面，其實你的場面是擺給自己看的。這不是在與他人做比較。

這是在挑戰自己的力量，在與以前的自己的力量做比較，你要相信自己能做到。累積這樣的信心，與你的成長息息相關。

所謂的「升級」，並不是和周圍進行比較，是昨天的自己「升級」為今天的自己。帶著這樣的想法生活，你用錢的方法一定也能隨之「升級」。

給自己立下使用錢的「清規」吧

盡量不要刷卡買東西

有一種東西叫做信用卡。有了信用卡，就算手邊沒有現錢，也能馬上買到想要的東西。

信用卡可以說是像夢一樣的東西，一般人大概都會有一、兩張信用卡！看到想要的東西，馬上就想買，然後掏出卡片，說「信用卡支付」。這個舉動看起來很帥，但其實是一種借錢購物的行為。

從使用信用卡的那一瞬間起，你每個月還一點信用卡支付出去的錢。這是使用卡片的人都非常瞭解的事了，但大家的感覺好像痲痺了般，還是很隨意地就使用了這樣的信用卡。

當我還是大學生的時代，信用卡還不普及，心中有想要的東西時，得要存到足夠的錢才能去買，因此學生們會努力地去打工賺錢。萬一碰到非買不可的必要物品，又沒有足夠的錢時，就只好去借了。

可是，學生借錢很麻煩，不僅有很多手續，而且還有一年內必須還清的現實條件。總之，在我還是學生的那個時代，借錢絕對不是輕易的事情。

但是，現在的年輕人使用信用卡，好像是一件理所當然的事。

對於借錢應有的責任感愈來愈淡，輕易地就做了借錢的行為，累積了一次次借錢的結果，就是積欠了一筆不知道什麼時候才還得了的錢。

最後因為還卡債，讓每天的生活變得捉襟見肘。這不是很不好的狀態嗎？

看到想要的東西時，一定要用現金買。例如看到了非常想要的包包，可是那個包包的價格十分昂貴，要五十萬圓，不可能拿那麼多的現金去買。

即使這樣，也不要拿出卡片付帳。請從那一天起，以五十萬圓為目標，開始努力地存錢吧！

每個月存兩萬圓的話，存五十萬圓要花兩年又一個月的時間。

因為領到的薪水不是很多，所以每個月要存兩萬圓也不容易，還必須忍耐不買其他東西，也一定要減少與朋友們的交際應酬。為了那麼想要的包包，就一定要拚命地存錢。

過了兩年後，終於達到目標，存到五十萬圓了。可是，存到五十萬圓後，真的會用那五十萬圓去買那個包包的，有幾個人呢？

我覺得恐怕一個人也沒有了！

當看到眼前的五十萬圓時，之前存錢時的辛苦，一一在腦子裡復活。為了存錢，忍著不去參加朋友的喝酒聚會；三餐也都盡量挑便宜的食物。想起這些時候，便突然感覺到：那個包包真的有五十萬的價值嗎？

這麼辛苦存到的錢，不是應該要用在能對自己更有幫助的事情上嗎？不是應該要用在能幫助自己成長的事情上嗎？

想到這裡時，或許你也看到什麼才是對自己有價值的事了。

不要使用會讓自己背負債務的信用卡購物，用心存了錢後再去買東西吧！那樣不僅能避免借貸的事，還能在存錢的過程中，發現真正有價值的東西。

如果能控制得了自己，就不會被慾望左右

禪宗裡面有所謂的「清規」，是指禪修行上「必須遵守的規則」。定下了規則後，修行僧們就可以一邊守著「清規」，一邊砥礪自己的修行。

和禪的「清規」一樣，我們也可以立下自己的「清規」，建立面對金錢時必須遵守的「清規」。

哪種狀況不用錢、遵守自己對金錢的態度，思考自己的生活，看清楚自己的夢想與未來，立下屬於自己的「金錢清規」吧！

不過，不要立下太難遵守的規則，例如每年要存一百萬之類的。

訂下這種太過勉強的規則，會讓自己把生活中的所有價值都放在存錢這件事。太過於執著存錢這件事，會讓人錯失真正重要的東西。

不需要那麼做，只要把規則訂定在自己做得到的範圍內就可以了。

重要的是，能確實遵守自己心中的金錢守則。按照那樣的守則去生活，就是過自律的生活。

總之，給自己立定「清規」的用意，就是在培養「自律心」。

能夠規律自己的話，就不會被慾望所左右。不能控制自己的慾望時，就會出現無謂的浪費。

我無意否定信用卡這種東西，只是想說使用信用卡時，也要把信用卡的使用法納入自己的「用錢清規」中。請注意：你皮包裡的信用卡，並不是搥一下就會有寶物出現的「萬寶槌」。

比起「獲得」的喜悅，「失去」的恐懼更讓人不安

有錢卻離幸福很遠的生活

以前的人因為勞動而得到對價的東西。

例如從事汗流浹背的務農者，從早勞動到晚地培植作物，再以作物換得金錢。製作物品的工人也一樣，以累積數十年的技術，製作出對人們有幫助的物品，讓人們帶著感謝的心情，購買他們製作的東西。

他們可以在那樣的勞動中，感受到活著的喜悅。

如果，栽種出來的米或蔬菜沒有賣掉，可以把剩下的米或蔬菜留在身邊，

在有萬一的時候食用，藉此維持生命。如果，自己做的東西沒賣掉，那麼可以拿東西去換米。總歸一句話，我覺得勞動這件事情，一定會留下什麼東西，會有收穫的。

但是，隨著時代的腳步，勞動的本質已經改變了。

現在的社會是錢生錢的社會。在這個社會裡最代表性的行為就是投資股票，只是在電腦上進行金錢的操作，就可以獲得龐大的利益，幾個小時的獲利，可能就等於農家一年的收成所得到的錢。

我無意否定股票的投資，但是那樣真的與幸福有關連嗎？

例如國家，光是數字變動的社會，可以說是強而有力的社會嗎？瞬間就能獲得龐大利益的事，也可能反過來瞬間失去，變成一無所有。沒有留下任何實體的「東西」。那樣的國家不是非常無力嗎？

如果勞動這件事只是為了金錢，那麼，可以讓人類感到充實的東西，究竟到哪裡去了呢？

電視裡介紹了一位「當沖客」（day trader）。所謂的當沖客，是指使用電腦進行股票買賣的人。

那位男性當沖客，一定是一位優秀的股票交易員！他說他看著電腦螢幕，一天的交易總額高達數億日圓，幾分鐘內就獲利數百萬日圓，是經常有的事。

這位男性年過五十了，但未婚。他幾乎一整天都坐在電腦前，眼睛一刻也離不開電腦，怕一離開螢幕，就錯過了買或賣的時機。他只有在上廁所或洗澡的時候，眼睛才會離開螢幕，三餐也幾乎都吃便利商店的便當。

在日本的股票市場結束後，海外的股票市場在深夜的時候開始了。在安靜的深夜裡，他也不眠不休地看著電腦的螢幕。

他銀行帳戶裡的金額，恐怕是以億為單位！

可是，他還是住在狹小的公寓裡，每天吃便利商店的便當。這個男人的幸福到底在哪裡呢？

我在他的身上看到了執著於金錢，被錢綑綁了身心的人的影子。

一天的交易順利，帳戶裡金額又增加了，他會因為這樣的事情感到開心嗎？恐怕他也感覺不到喜悅吧！

因為支配著他的，是擔心交易失利、帳戶裡的金額變少的恐懼之心。比起金額增加的喜悅，害怕金額減少的恐懼更勝一籌。

萬一明天交易失利怎麼辦？

他會因為這樣的恐懼感而睡不著吧？

雖然擁有人人稱羨的錢，他的心卻經常被強迫觀念籠罩著。我覺得他和幸福之間距離十分遙遠。

漸漸散去手中多餘的東西吧！

美國有一項有趣的心理實驗結果。

以年收入五百萬日圓的人們為例子，當他們的收入從五百萬變成六百萬時，他們會覺得非常幸福。以年收入七百萬日圓的人們為例子時也一樣，當收入從七百萬變成八百萬時，他們的幸福感也會增加。

但是，隨著年收入的上升而增加的幸福感，卻在上升到一千萬日圓後，好像就停止了，並且在超過一千五百萬後幸福感反而往下降。簡單地說，就是年收入兩千萬的人所感受到的幸福感，還不如從六百萬增加到七百萬的人。我覺得這個結果真的很有意思。

這個情況和前面說到的股票當沖客一樣。

年收入愈高的人，因為害怕失去，所以愈容易生活在恐懼中。今年的收入有一千五百萬，但萬一明年下降到一千三百萬，那要怎麼辦？

隨時就想著這樣的問題。比起得到的喜悅，失去的恐懼更令人害怕。這個實驗或許證明了那個界線的存在。

人類有一旦得到，就不想失去的心理，對金錢如此，對社會地位更是如此，會努力地守住到手的東西，不想讓手裡的東西變少，也不願意讓給別人。因為害怕失去，所以會為了守護擁有的東西而操碎了心，這就是執著的心。

因為增加而感到喜悅，因為得到而感到喜悅，這樣的心情誰都會有。

為了增加而不斷努力，為了得到而拚命工作，這些都不是壞事。但是，得到了超過自己的手所能拿得動的東西時，人的心就開始變得執著起來了。

忘記了得到時的喜悅，執著心卻愈來愈嚴重，於是幸福就愈來愈遠了。

請攤開手看看，手裡是否拿了多餘的東西了？
是否拚命地留住快要從手掌裡掉出去的東西？

超出自己手掌範圍的東西，就讓它掉落吧！硬要留住拿不動的東西，早晚會出事的。不斷地累積心裡的負擔，總有一天會忘記什麼是幸福。

讓超出自己手掌的東西自然掉落就好。在覺得不夠的時候，再努力地增加就好。重要的是：做現在自己應該做的事。不要因為增加或減少，而失去了自己的心。

太在意世上的平均或常識了嗎？

「平均」或「普通」，是沒有實體的

人，不管是誰，都會在不知不覺中拿自己與周圍的人做比較。比起周圍的人，自己是更優秀的。但相反的，當同時期踏入公司的同事升遷，自己還在下層浮沉時，就會覺得自己是不是不夠好？

禪告訴我們：不要和他人做比較。因為比較只會讓我們自尋苦惱。

然而，明知道這一點，卻還是下意識地拿自己和別人比，這或許就是人類的癖性吧！

讓一百步地說，拿自己和鄰居做比較，或許都是無可奈何的事了，更何況在公司那種會互相競爭的場所裡。

不管是薪水的多寡、職位的升遷，都是可以做為比較的東西。在公司裡面，堅持「不管周圍的人好壞，我只要按照自己步伐走就好了」，應該很難辦到，因為人在社會裡是無法無視周圍的人的存在。

但是，我還是覺得不能太被世上所謂的「平均」或「一般常識」所左右。

例如每年的年底，政府總會公佈國民的家庭平均年收入。說什麼日本人的家庭平均年收入是四百萬圓之類的。這類被做為日本經濟發展指標的東西，其實只是單純的數字而已。

然而，人們還是會拿那個「平均」和自己做比較。

如果自己的年收入在平均值以上，心裡就會高興得偷笑；萬一在平均值以下，就沮喪地覺得自己不行了。

自己公司的獎金比別的公司的平均額低，就覺得自己的公司是爛公司，並去羨慕獎金高的公司的職員。這也是毫無意義的事。

不只在金錢上，會拿自己和氾濫於人世間的「平均值」做比較的，還有什麼初婚的平均年齡是二十八歲、生第一胎的平均年齡是三十二歲、「普通」的家庭一般會在三十到四十歲之間購買自己的房子等等。至於貸款的平均額雖然各有不同，但在六十歲時繳完貸款，則是一般的「常識」。

上述那些「常識」或「平均值」，到底是由誰決定的？

有人不到二十歲就結婚了，也有人過了四十歲才結婚；有十幾歲就生孩子的女人，也有女人到了四十幾歲才生第一胎。有人沒有買房子，一輩子租房子住，也住得很開心！

人生活在各種不同的幸福感之中，這是很明顯的事，但為什麼還是被所謂的「平均」或「普通」束縛了？

請仔細想想看，世人所說的「普通」，到底是什麼？而自己不在「平均」之中，就是不好的嗎？不管是「平均」還是「普通」，都不存在著這樣的事實。世上位於「平均值」的正中央裡的人，到底有多少呢？

二十八歲結婚，三十二歲生孩子，三十八歲買房子，年收入恰如政府發表的數字。我認為這個世界裡並不存在完全符合這些「平均值」的家庭。可是，很多人還是以像幽靈般存在的「平均值家庭」為生活目標。那樣的生活不是很虛幻嗎？

幸福不在數字裡，而是在心裡

現今的媒體頻頻出現一個詞，叫「下流老人」。下流老人好像是指從工作的單位退休後，沒有儲蓄，身邊也沒有能夠幫忙的家人，只靠年金，僅能儉樸度日的老人。

看到「下流老人」這個字眼時，我的內心深深地感到悲傷，而且，那個悲傷裡還包含著無法言喻的憤怒。

憑什麼依據把人分為「上流」或「下流」？有人因為和比自己不幸的人比較，覺得位居「中流」而感到沾沾自喜？也有人因為比別人多一點可以使用的金錢，自以為「上流」而瞧不起人？不覺得這完全是卑鄙、沒有意義的事情嗎？

靠著年金過節儉的生活，就是不幸的事嗎？有許多積蓄，住在豪華的房子裡，就很幸運了嗎？人類的幸福並不存在於那些瑣碎、微小的事情裡。

即使只是一頓儉樸的晚餐，夫婦二人互相說著「好吃呀」，就是幸福的一餐。就算是獨居過日子，也可以發現每天的生活樂趣。心存感激地活著，認真地過每一天，就是生活在幸福裡。每天能過著那樣的生活，就是手裡握著奇蹟般的幸福了。

我希望沒有因為平均或比較，而決定「上流」或「下流」，也希望人與人不要散亂地相比，製造出什麼差距。

出現「下流老人」這種言語的社會，是把人分為優劣的社會。我覺得那樣的社會才是「下流社會」。各位以為呢？

禪的語言裡還有「主角」這一詞。這個經常被電影或戲劇拿去使用的詞，其實是禪的一個用語。

在禪裡面，主角的意思是「每個人的心中都有佛」。換言之，「佛」就是「本來的自己」，說得更容易理解一點，就是「自己真正的面貌」。自己是如何活的？什麼叫做像自己一樣的活著？答案只在自己的內心裡。

「對自己來說，幸福是什麼」、「什麼叫做像自己一樣的活著」。希望大家能夠好好地去思考這些問題，而這些問題的答案，應該不會出現在世人所說的「平均」或「普通」裡。請不要和沒有實體的數字做比較，而是和自己的內心做對談吧！

CHAPTER

5

更深入地瞭解日本的心、禪的心

關於真正的「富有」

錢多、錢少都很好

對幸福而言，
區分優劣是毫無意義的事

不要在事物上區分黑白或優劣、不要使用二元論的看法，這是禪的基本想法。

我們總是很容易就把事物分為黑白兩面。不是善，就是惡；不是美，就是醜；不是有錢，就是貧窮；不是早出頭，就是晚出頭；不是年收入高，就是年收入低。總之，就是用二元論去評價世事。

還有，覺得自己比較好，就感到安心；覺得別人比自己好，就嫉妒別人。

嫉妒或否定自己的情緒，便是這種二元性思考的產物。

把事物分為黑白的行為裡，沒有本質性的幸福，因為這種劃分是沒完沒了的。

例如和同事中的某一個人做比較，你的薪水比對方高。勝負既定，你有了獲勝的心情。但是，接著就來了一個薪水比自己高的人，於是你的心情馬上陷入輸掉了的懊惱之中。

如此，區分黑或白、勝或負的事情會一直延續下去，永遠也沒有結束。因為人生不會全部都是白的，更不會永遠都在贏的這一邊。

如此想想，就應該可以明白一件事，那就是對人生而言，對幸福而言，硬把事物分為黑白兩面，是一點意義也沒有的事。

舉金錢為例，年收入一千萬和三百萬，或許兩種都很好，因為金錢不是活下去的最重要問題。當然，完全沒有錢也沒有關係，因為年收入是零的人，一樣也能活下去。

但如果以為沒有錢也能活下去，那麼就不要工作，玩玩也可以過生活的話，這樣想就錯了。不去工作是單純的逃避，會過著草率而隨便的人生。

說什麼都可以的人，是因為沒有去想後果。完全沒有收入，也不去工作，靠著父母的年金生活，這樣的生活方式是一個很大的問題。

努力去做自己應該做的事，認真地面對被賦予的任務，就算結果只能拿到三百萬的年薪，不也是很好的事嗎？

只要有認真去做的信心，結果的金額是多少，應該不是什麼大問題吧？

想要得到更多錢，就只有更努力去工作賺錢。如果認為現在這些錢就已經足夠，那麼可以不必付出比現在更多的努力。

決定最後會有什麼樣的結果的人，就是自己。

那個人比自己早三年出頭，所以在競爭出頭的這件事上，自己是輸給那個人了。但是，在四十年漫長的的職場生涯裡，慢個三年算什麼呢？從人生來看三年的時間，其實很短暫。

那個人漂亮又有型，自己完全不如她。漂亮又有型當然很好，但你肯定那個人一定比你幸福嗎？難道漂亮的人就沒有煩惱嗎？難道一個人只要有型，就能活下去嗎？

也有人年收入非常高，卻仍然過著一無是處的人生；就算是美人，也不見得能得到周圍所有人的喜歡。

我這麼說不是在安慰某些人，而是人生確實如此。

就算只有不多的錢，也很好

雖說如此，要人完全沒有二元論之心、不做黑白之分，畢竟是很困難的。所以，我想提出一點建議。

「只有這個不和人比」、「關於這件事，在我心中沒有二元論的黑白之分」，心裡要有這樣的堅持。

例如：不用二元論去看工作的成果。工作上雖然不想落後於同事，但關於薪水的核定，則是怎麼樣都好。

薪水與獎金的核定，終歸是人為的事情，雖然其中必定會有令人難以理解的部分，但不必一一去計較。薪水高一點或低一點，對自己來說都是可以的。可以試著這樣思考嗎？

對你來說「哪邊都好」的事，就是對你來說，不覺得那麼重要的事。請找找看那些是什麼事，並且不要在那一部分做二元論的區分。如果對手一定要分個高下，那麼就直接認輸吧！心平氣和地、乾脆地認輸就好。

世上有太多可以比較的事物，但是，請和那些事物保持距離，靜靜地看著那些事物，你會發現幾乎所有的事物，都可以「哪邊都好」。那時就算區分黑白，黑白也會馬上反轉。昨天還是白的事情，今天卻變成黑的了。世事就是如此。

或許有很多錢確實很好，但是，**只有不多的錢，也沒有什麼不好**。因為在人生裡，**那不是什麼重大的問題。真正重要的事情，是自己必須走在只屬於自己的人生之路上**。

沒有人能代替你走你的人生。你必須看清楚自己的腳步，走上只有你自己能走的人生路。

主人的用心與客人的禮貌

「招待客人」是招待客人的心

「待客之道」這句話，近年來好像頗為流行。自古以來，日本人便被教養要有「招待客人之心」。這是日本人特有的溫暖之心，我認為也是足以傲視世人的心。

關於「待客之道」，有一個有名的小故事。這個故事的主人翁便是大家熟悉的一休和尚。

某一天，有客人要造訪一休和尚的寺院。那是一個秋高氣爽的日子，當天早上，一休和尚對弟子們說：

「今天有客人來，要麻煩大家了。」

弟子們原本就是修行僧，每日都會把庭園或玄關打掃得乾乾淨淨，那是不用師父說，也會去做的事情。於是弟子們比平日更加細心地打掃客人會經過的路徑，果然打掃得幾乎一塵不染。

「師父，我們打掃得比平日更細心。」弟子們向一休報告。

一休聽了，只說了一句謝謝。

在客人快到的三十分鐘前，一休慢慢地走到庭院，和打掃得很乾淨的玄關口。一休在庭院裡了撿了幾片掉落的葉子，然後把葉子隨意地撒在玄關口的前面，接著又灑了一些水在葉子上。

弟子們一邊看著一休的舉動，一邊竊竊私語，小聲地說：「好不容易打掃乾淨了，為什麼還要撒落葉呢？」

等一休回去房間，弟子們便又去玄關口看。當他們看到從門到玄關的道路時，感動得心都顫抖了。

客人會經過的那條道上，散落著像裝飾品般、帶著黃色的銀杏葉子，又因為撒了水的關係，葉子上的水花閃閃生輝，不像是從樹上掉下來的一般落葉。

「這就是待客之道嗎？」弟子們好像大夢初醒般的看著庭院。

「待客之道」必須是招待客人的主人與被招待的客人，有相通的心意才會成立的。例如客人看到了落葉而心生「打掃得沒有很仔細呀」，那就是客人和一休大師的心意沒有相通。也就是說，「待客之道」這種東西，就是體貼客人心意的心。

我認為一休大師的這個小故事，非常能表現何謂「待客之道」。而包含在這個故事裡的心意，也非常適用於現代。

不管是主人還是客人，都要有體貼對方心意的心

例如請吃飯或被請吃飯，都是常有的事吧！做為人與人之間的潤滑劑，公司的前輩也會請後輩吃飯。但要請吃什麼？要花多少錢呢？在我們的習慣上，

總是先進會先請後輩吃飯。

然後，就要看請吃飯的主人的用心，也就是說要看**主人的「待客之道」**。

簡而言之，**就是主人是否有用心，讓客人沒有感到被招待的負擔**。

「今天晚上要一起吃飯嗎？」

當公司的前輩或上司，對你做了這樣的邀約時，應該會很開心，但在荷包扁扁的時候，你就會感到擔心了吧？

「很開心受到邀請，但是，到時候應該怎麼付錢才好呢？」、「全部都讓前輩或上司付的話，不太好吧？自己應該付多少比較好呢？」有人可能會這樣擔心。但也有人覺得「上司約吃飯，當然是上司出錢，這是理所當然的吧」。關於這件事，每個人確實各有想法。

為了避免不必要的擔心，約吃飯的人最好一開始就表達要請客的態度，並且在請吃飯前，就傳達出「是我邀約的，所以我請客」的訊息。

或許有人會認為「反正是我請客，所以不用特別說也沒有關係，到時候付錢就好了」。有這種想法的人，就是沒有用心於「待客之道」。

錢的事情是很難開口說的。

如果吃飯的時候，有「由誰付錢？該怎麼付錢？」的擔憂，那麼餐會的歡樂氣氛就會大打折扣。不要以為因為是自己請客，所以沒有必要去擔心那種事，這種想法是不對的。

即使是花錢請客的人，也需要表現出對對方的理解與關心。

那麼，被請吃飯的人該怎麼做呢？

首先當然是以充滿感激的心情說出感謝，例如「謝謝招待」、「真的非常好吃」、「今天晚上謝謝您」之類的話。

說道謝的話，本來就是應該的事，但是被請客的次數多了以後，似乎也會把被請客當做理所當然的事。

上司經常請喝酒，開始的時候會覺得不好意思，可是久而久之，那種不好意思的感覺也痲痺了，變得被請喝酒後連一句謝謝也沒有。那樣的話，你與上司的關係人概就無法持續了。

不管對方是多麼親近的人，被請喝了幾十次的酒，也要懷著感激對方之情。這是非常重要的事。

「不好意思，常常讓您請客，謝謝您。」

對上司這麼說時，上司只是答了「嗯」，或許有人會以為上司沒有接收到你的感謝心意，其實上司已經牢牢地收下你的心意了。

聽到部下說「謝謝您」的瞬間，上司的心裡想的或許就是「下次再帶你來吃」。再怎麼親密的朋友，也不能忽略了感謝之詞，就是這個道理。

老是被請客的人，會想著如何回報對方，這也是人之常情！

但是，如果對上司說「總是讓您請客，今天請讓我付錢吧」，結果會如何呢？

上司請部屬吃飯、喝酒，應該是不求回請的。「今天你請客、明天我回請」，是同事之間的情誼，把這種情誼帶入上司與部屬之間，反而會被認為你不把上司對你的照顧當做一回事。

如果真的想回報上司的照顧，那麼或許可以在去旅行時，帶土產回來送給上司，然後若無其事地對上司說：「利用假日去北海道旅行了。這是北海道的名產，很好吃的，請您嚐嚐看吧。」或者是「回老家一趟了，這是我家鄉的土產」。總之，不是以特別買禮物的形式，而是以「旅行回來的土產」

的形式，做為感恩上司照顧之情的回報。我覺得這樣的話，對方的心情會更自然、愉快。

總之，不管是請客的人還是被請客的人，都有必須注意的禮節。那些禮節都不是什麼困難的事，只要有為對方著想，顧慮著對方之心的心情就好。有了那樣的心情，就能建立起良善的關係。

你的幸福空間有多大？

每個人都有讓自己感到恰如其分的舒適範圍

某位男性作家寫的小品文，深深地留在我的心裡。那位作家擅長描述市井小民的生活，吸引了很多讀者。在許多作家當中，他算得上是暢銷作家！

因為是暢銷作家，所以頻頻有人請他去演講。原本就喜歡四處旅行的他，也盡量地接受了各地的演講邀請。

有一次演講結束後，主辦單位的人開車送他去旅館，替他辦理住房手續後，還帶著他去房間。被帶進房間後，他感到非常驚訝，那個房間好像是那家旅館最漂亮的豪華套房。

那是主辦方對他的用心！平常他去演講時，住的大多是單人房，或有一張大床的雙人房，從來沒有住過這麼大的豪華套房。

主辦方的人回去後，他一個人在房間裡，雖然坐在豪華的沙發上，也覺得不安穩，寬敞的浴室也讓他感到不自在，於是在房間裡走來走去。

到了夜裡，雖然已經躺在床上，卻怎麼樣也睡不著，只好下床，一下子走到陽台，一下子打開冰箱，好像在檢查房間般，巡視了每個角落，好不容易才熬到天亮。在那樣的房間裡，他無法安心舒適地睡著。

作家在那個時候發現了一件事。

「這麼大的豪華套房，不符合我的舒適度。」適合自己舒適度的房間，是大小剛剛好的單人房，太大的房間反而讓人不自在。

那是一篇有趣，而且耐人尋味的文章。

我覺得每個人都有讓自己感覺到舒服、覺得剛剛好的空間。換言之，就是能讓自己感到幸福的空間。這裡所說的「空間」，並不是單純指居住的地方，也包括自己的所有物或金錢。有句話叫「恰如其分」，我的意思和這個很接近。

每個人都生活在自己擁有的適度空間裡。如果不滿現在的空間太小，想要有更大的空間，就必須自己努力地去擴大。

例如，你希望薪水能比現在多三萬圓，那樣的話就可以擴大自己的空間。如果你真的有這種想法，那就必須為了增加三萬薪水而努力，勤奮地埋頭於現在的工作。除了完成被交代的工作外，還要更加努力創造業績。有了更多的努力，周圍的人也會認同你，增加三萬圓薪水的願望，就能如願了。

在靠自己的力量與努力而擴大的空間裡，你才會感到幸福。因為別人的力量而擴大了自己的空間，或沒有做努力，空間就突然膨脹了，在那樣的空間裡，必然有等著你掉進去的陷阱。

幸福就在老老實實地向前邁一步之內的地方

我從朋友那裡聽說了一件事。一位四十歲左右，服務於中小型公司的男性，過著非常普通的生活。總之，他不是那種早早就出人頭地的人，但他滿足於自己當下的工作與薪水，而且與家人共同生活在一間不大、屬於自己的房子裡。那間房子裡有這位男性恰如其分的幸福。

但有一天，這位男性的生活發生變化，他無意間買的彩券中獎了。當然，他沒有讓同事們知道自己中了多少金額。雖然說出了中獎之事，但隱瞞了中獎的金額。

因為他的生活方式明顯地變得闊綽，看到他的改變，周圍的人開始猜測他中了大獎，中大獎的傳聞很快就擴散出去。

聽到傳聞的人，紛紛集中到他的身邊，有人開始找他投資，有人勸他開公司。以前幾乎沒有往來的人，也找上門要借錢，他桌上的電話不斷地響起，似乎都是為了找他談錢的事情。

這樣的情況下，他實在無法繼續待在公司裡，因為不僅給公司帶來麻煩，更引來不少同事們的嫉妒，最後他終於辭職了。

沒有人知道他後來怎麼樣，因為他搬家了，原來的房子變成了空屋，朋友們想和他聯絡，也找不到人。這是我從朋友那裡聽來的真實故事。

某一天，他的空間突然變大，他不知道在那個突然變大的空間裡的生活方式，也找不到真正的幸福。他和他的家人現在怎麼樣了呢？或許在另一個城鎮裡，再度過著適合自己空間的生活吧！或者勉強適應那個膨脹的空間生活？總之，希望他找回了他的幸福。

你知道自己的幸福空間是多大嗎？那個大小會一直停留在你的心裡嗎？和鄰人比較時，你會去嫉妒鄰人嗎？如果進入了比現在的空間大很多的地方，你會忘了原來那個小空間裡的幸福嗎？

想要擁有比現在大的空間，當然是很重要的事，因為那關係著人的上進心。但是，不要一步登天，不要一下子就進去超出自己能力的大空間裡，不要從四張半榻榻米大的房間，馬上搬進大豪宅。

如果現在住的是四張半榻榻米大的房子，那麼就以六張榻榻米大的房子為下一個目標！**一步一步穩定前進比較好。老實地努力去做，一點點地累積，慢慢從小變大比較好。因為我認為幸福就在那一步一步的過程裡。**

雖然對現在的空間也感到很滿足，但還是想要有比現在更大一點的空間。我認為這是很好的情形，這樣能確實發現可以讓自己感到舒適的空間大小。只有在那個大小裡，有屬於自己的幸福。

有形的東西會留下來，但不是留下財產

留在心裡的兩個葬禮

我做為僧侶，到目前為止已經執行了無數葬禮的工作。葬禮是送走活在世上的人的最後場所。那裡有許多人的想念，還有層層疊疊的人生戲碼。在那麼多的葬禮裡，有兩個葬禮至今仍留在我的心裡。

那是A先生與B先生的葬禮。兩位都是享壽七十歲以上，活得非常認真的人，我想談談這兩位先生的事情。

A先生一家人的生活非常富足。A先生自知名的大學畢業後，就進入所謂的大企業工作，並且很快就得到升遷的機會，一路往上爬，最後還當上了董事。

偶爾，我也會看到A先生來廟裡掃墓。他即使在退休之後，仍然穿著整齊的西服，顯得非常有氣派，讓人印象深刻。一眼就可以看出他是一個有社會地位，也有很多財產的人。

A先生去世後，他的夫人與長子來與我討論葬禮的事。A夫人對我說：「外子在社會上有相當高的地位，所以大概會有很多人來參加靈前守夜。我想應該不下於三百個人吧！麻煩您準備招待三百個人的食物。」

準備三百個人的靈前守夜食物，那可是一件大事。既然是這麼大的葬禮，寺廟裡的所有人手，都參與了準備的工作。

到了靈前守夜那一天，來訪的人數比預期的少很多，到了進行靈前守夜的儀式時，參與的人數大約在一百位左右，但很多人燒完香就回去了。

「請喝點酒，吃點壽司吧！」

負責招待的人雖然如此推薦，但幾乎所有的人都只是沾一下，就回去了。

寬敞的靈前守夜會場空蕩蕩的，冷清得令人不勝唏噓。

來參加葬禮的人們，都穿著合適的西服，看起來都是有社會地位的人。但是，他們沒有人發表對故人的思念之詞。

要如何留下自己活過的證明

另一位是B先生。B先生是地方小工廠的經營者，高中畢業後就繼承父親的事業，非常勤奮地工作著。

B先生來廟裡掃墓、參拜時，總是穿著全身油汙的工作服，應該是在工作中抽空來掃墓的吧！他總是笑笑地和我打招呼。

我見到B先生的太太時，她總是向我抱怨B先生，說：

「真是的！我先生總是只為別人想，所以工廠都賺不了錢，欠的錢愈來愈多了。我也很想穿漂亮的衣服，去銀座走一走呀！哪怕只有一次也好。」

不過讓我印象深刻的是，她雖然嘴裡抱怨著B先生，臉上卻泛著看起來很幸福的光彩。

小工廠可能真的經營不易吧，B先生的兒子不想繼承，所以大學畢業後就去上班。B先生本人好像也決定了，要在他這一代結束工廠的經營。

B先生忙到連去醫院的時間也沒有，他的生命結束得很突然。B太太和B先生的兒子為了安排葬禮的事情，到廟裡找我。B太太看起來非常悲傷，一句話也沒有說。

「家父只是小工廠的經營者，會來參加葬禮的人很有限，所以靈前守夜的食物只要準備二十份，應該就足夠了。舉行儀式的場地也不需要大，小場地就可以了。」

B先生的兒子如此對我說。

「我家一直沒有錢，因為有獎學金，所以我才能去讀大學。那樣的工廠根本不能賺錢，不明白家父為什麼堅持要繼續經營那個工廠。老實說，我真的一點也不能理解。」

父親從早上開始忙到深夜，連和兒子說話的機會也很少。從B先生兒子說的話裡，可以感到他對父親有著一點點的怨恨。

B先生的靈前守夜那天，出乎B太太與B先生兒子預料的是，雖然下著雨，卻有很多人為了B先生來廟裡，其中還有穿著工作服就來的人。

到了深夜，來的人也都沒有離去，大家一邊喝酒，一邊聊著B先生的事，回憶B先生生前的種種。會場裡坐不下了，還有人站在寒冬中掉眼淚。

「真的受到你先生的照顧了」、「那時多虧了你先生，才有現在的我」、「總想著有一天要報答他，誰知已經來不及了，這是我最後悔的事了。」

還有很多人握著B先生兒子的手，說：

「我們大家會合力守住你父親的工廠，請你不必擔心。」

兒子聽到這些話，眼裡滿是淚水。他來找我，對我說：

「住持先生，我或許誤會家父了。我現在非常尊敬他，對我來說，他是最了不起的父親。我一定要守護父親留給我的財產，好好地珍惜父親的財產活下去。」

A先生和B先生的人生沒有誰比較好，誰比較不好，兩位都很認真地生活，只看葬禮上的情形不能解釋一個人的一生。

我只是因為替他們辦理了葬禮，所以對人類應該留下什麼產生了一些想法。想證明自己曾經活著，是誰都會有的願望，或許也是人的本能。或許留下錢財、製作自己的半身像給後人，都是人的本能。

每個人都想留下什麼，來證明自己曾經存在於這個世上。然而應該留下來的，絕對不是有形的東西，應該留下來的是眼睛看不到的「心」。我認為「心」才是一個人應該留下來的財產。

要用什麼樣的形式來證明自己曾經存在呢？我覺得這不是年紀大了以後才要思考的問題。等到快死了才來想這個問題，那或許就太晚了。應該在還年輕的時候，就開始認真地思考這個問題，那樣才能建立自己人生的路標，不是嗎？

何謂真正美好的飲食

表現日本人內心之美的飲食

在食物短缺的時代，日本人非常珍惜食物，吃飯的時候總是一粒米也不剩地吃完。吃完飯，在碗裡倒入熱茶，用筷子挾一片醃蘿蔔，用那片蘿蔔仔細地抹飯碗，把黏在碗內的飯粒掃起來，和著茶水吃下肚。就算飯碗裡沒有米粒，也要把米粒分泌出來的澱粉集中起來吃下肚，一點食物也不能剩下。

其實，這也是禪僧每天的吃飯方式。日本人的飲食方法，很多都是由禪的方法簡化而來的。

我們禪僧每天都很努力過著不浪費食物的生活。

我們在廟裡的田地種菜，每次只摘取一餐的分量，絕對不會多摘，而且還會少摘一點，讓自己有吃不夠的感覺。還有，我們連蘿蔔的葉子也吃。如今菜市場裡賣的白蘿蔔，都是沒有葉子的白蘿蔔。因為不吃，所以白蘿蔔的葉子便被丟掉了。

我覺得那樣真的太浪費，把白蘿蔔的葉子用麻油炒一下，就是非常美味的一道菜。如果拿來醃漬的話，也只要幾天的時間就可以食用。蘿蔔葉的營養成分很高，據說對我們的身體非常好。

或許有人認為用醃蘿蔔刷飯碗、吃蘿蔔葉等等，是很窮酸的行為。但是，請你去菜攤子買蘿蔔時，連著蘿蔔葉一起買吧！有人會認為那是很窮酸的事，而覺得不好意思嗎？

可是，我一點也不覺得那樣做很窮酸。我覺得那是日本人養成的內心之美。

一日三餐，餐桌上只擺著吃得完的食物，不可以浪費食物，要抱著對食物感恩之心，吃下那些食物。這不是錢的問題，是美好的心的問題。

回頭看現代人的飲食生活時，就會注意到現代人生活在缺乏美感的飲食生活中。

例如現在流行的「滿滿的」一大碗或一大盤之類的餐食。店家為了吸引客人，推出了「滿滿的」或是「超滿的」菜單。

很明顯的，「滿滿的」或是「超滿的」食物，是超出自己吃得下的分量，卻還是要拚命地把那些食物塞進肚子裡。那是不去思考食材的好壞，只知一味地要把食物塞進肚子裡的飲食。說真的，那不是在吃飯，那是在「餵食」，那樣的吃飯風景一點也不美好。

「吃到飽」這種事也一樣。明明已經吃飽了，但因為是「吃到飽」，所以還是繼續吃。好像不盡量把每一種食物都吃過，就吃虧了。只有人類會在吃飽了以後，還能繼續吃。貓或狗在吃了達到自己適量的食物後，就不再吃人們餵的食物了。如此看來，吃飽了還要繼續吃的人類，實在很低級而粗俗呀！

對我們來說，吃飯當然是很重要的事情，不僅讓我們的身體得以成長，也豐富了我們的精神。粗率的飲食，會讓我們的生活也變得粗率；放任食慾去吃，也會養肥其他的慾望。我認為「吃」這個行為，對我們身心的影響是非常大的。

與身心之美息息相關的飲食

有一句禪語叫「喫茶喫飯」。這句禪語的意思是「喝茶的時候就專心地喝茶，吃飯的時候就專心地吃飯」。

很多人會一邊看報紙一邊吃飯，或一邊看電視一邊吃飯。或者根本無視擺在眼前的食物，只是喋喋不休地和人說著話。那種吃飯的姿態真的不好看。雖然並不要求大家也要像修行的禪僧那樣飲食，但是吃飯的時候，至少應該要把視線集中在眼前的食物上！

我白天出門上街的時候，經常看到正在用午餐的上班族。用午餐是忙碌工作中的少許樂趣。對上班族來說，午餐時間應該是輕鬆的時刻之一。但是，我觀察他們的樣子，卻發現很多人一邊看著電腦一邊吃飯，也有人一邊吃飯一邊和同事討論工作，吃得非常忙碌。

上班族確實很忙，但是吃飯的時候還是把精神集中在吃飯這件事上吧！並且在吃著當季的烤魚時，感念一下漁夫們的辛苦；在吃著新鮮的蔬菜時，感恩一下農夫們栽培作物的辛勞。這不是很好的事嗎？

其他的事就不要多想，暫且忘了工作，帶著感恩的心品嚐美好的一餐吧！午餐的時間通常不過是二十分鐘左右，何不專心地享受那二十分鐘的吃飯樂趣呢？

好的飲食，不好的飲食。奢侈的飲食，貧乏的飲食。這些都與金額的高低無關。不管食材多奢華的套餐，如果吃的時候只專注於說話，因此不記得自己吃了什麼，或說什麼不合口味而沒有吃完；或者，也不管已經吃飽了，卻還說有「另一個肚子」，繼續吃個不停，我認為那樣的飲食都是貧乏的飲食。

請重新檢視一下自己的飲食！

不要說因為沒有錢，所以沒有適當的飲食。就算沒有錢，只要肯多下點工夫，也可以有豐富的飲食。也不要因為花了錢，就暴飲暴食；那樣就像是為了傷害自己的身體而花錢飲食。

要用心於美好的飲食生活。我們所享用的所有東西，都是有生命的。魚或

肉類自不用說，即使是蔬菜，也是有生命的。靠著享用了食物們的生命，我們的生命才得以延續。

要感謝提供生命給我們的所有食物。我相信我們的身心之美，絕對與食物們息息相關。

試著選擇一下不便利的生活！

因為選擇便利而失去使用身體機能的現代人

因為電器製品的進步，現代人生活在便利的世界裡。回想昭和二十年代（譯注：二十世紀的四十年代中期到五十年代中期），所謂的「三種神器」——冰箱、洗衣機、吸塵器問世了。由於這三種便利用具的出現，每天忙於家務的主婦們一下子變輕鬆了。這「三種神器」的出現，大大改變了女性們的生活。

如今這三種神器早已被視為理所當然的存在，吸塵器這種東西甚至還進步到「掃地機器人」的程度。大家可以完全不必自己動手，「掃地機器人」

就會代替我們打掃好房間。那樣的「掃地機器人」，簡直是夢幻般存在的商品。

以前日本人要打掃房間時，首先要把沾水的報紙撕成碎片，撒在榻榻米上；或把使用過，還沒有乾燥的茶葉渣撒在榻榻米上，然後用掃帚掃除吸了榻榻米上的灰塵的報紙與茶葉渣，達到清潔榻榻米的效果。

這是現在的年輕人無法想像的事吧？但是以前的人每天都要這樣清掃房間。

禪寺裡的修行僧們，即使是現在也過著這種「不便利」的生活。他們仍然使用擰乾的抹布，把身體趴在地上擦拭正殿，並使用掃帚掃除寺院境內的各種髒汙。修行中的禪僧只使用最低限度的基本物品，不使用所謂便利的多餘物品，過著彷彿被現代社會淘汰的生活。

當然，對修行僧而言，不管是打掃還是吃飯，所有的日常生活都可以說是修行的一部分，因此生活中的一切幾乎都受到禪的規範。但是，禪僧們雖然生活在禪的規範下，但受到規範的生活並不是單純為了修行。因為受到規範的不便利生活，也訓練了禪僧們的身心。

在寒冬的早晨打掃寺院內的院子、趴在地上擦拭正殿的地板——正因為有這樣規則端正的生活習慣，僧侶們才有健康的身體與精神。只要不是有特別任務或特別修行的期間，僧侶通常每天早上四點起床，晚上九點就寢，醒著的所有時間都在認真地勞動身體，並且不吃超過身體需要的食物。醫學上的證明，禪僧的生活方式對我們人類的身體是有好處的。

生活愈是便利，我們人類使用到自己身體的機會就愈少。花錢得到的便利生活，卻讓我們失去使用身體的機會。這種事情能夠說是幸事嗎？

淋巴按摩這件事，最近好像在女性們之間很流行。

當淋巴的流動順暢時，人的免疫力就會提高，血液的流動也會因此變好，人的身體就會變健康。聽說淋巴按摩對美容也有不錯的效果，所以我很鼓勵大家做淋巴按摩或淋巴操。

一位知名的淋巴研究權威曾經說過以下的話：

「為了讓淋巴的流動順暢，就要過著不便利的生活。例如把廚房裡常用的東西放在比較高的地方，那麼，為了拿到常用的東西，一天可能必須上下墊台好幾次。上下墊台的動作有助於淋巴的流動。不必特地花錢去做淋巴按摩，我們在日常的生活裡，就可以做到幫助淋巴流動的動作了。」

以前的女性大概不瞭解幫助淋巴流動的好處？其實做家事就是非常好的運動，或許常做家事就好了，也不必特地做什麼淋巴體操！

不要依賴物質，要依賴自己本身的力量

何不試著選擇過不便利的生活呢？現在的車站裡通常都設有電扶梯。不要去排隊搭乘電扶梯，試著走樓梯吧！這也是很好的方法。在公司裡時，如果你的辦公室在二樓或三樓，也試著盡量走樓梯上班！

上下班換搭電車前，還要搭兩站左右的巴士的人，也請放棄搭巴士，試著走到電車站吧！應該二十分鐘左右就可以走到，又不需要花錢，我覺得只要稍微改變一下日常生活行動，就可以擁有健康的身體了。

我們人類具有五感的能力，能將我們的五感能力發揮到最大的效果，就是生活這件事。難得老天給我們那樣的能力，我們為何還要讓機器代替我們的能力呢？不勞動自己的身體，一味地仰賴便利工具的生活，是不會感覺到「活著」的真實感。

「我感覺不到『活著』的真實感。明明對生活並沒有不滿之處，卻覺得自己好像生活在虛擬的世界裡。要怎麼活，才能感覺到活著的真實感呢？」一位女學生如此問我。在我看來，她的煩惱是何其奢侈呀！但是，像她那樣的人或許愈來愈多了。

我對那位女學生說：

「在寒冷的冬天早上，一早起床後，就打開窗戶看看外面。然後把手伸進裝著冷水的水桶裡，試著把水桶裡的抹布擰乾。從窗戶的外面吹進來的風很冷吧？水桶裡的水凍得手發麻了吧？你的身體感覺到風的寒冷與水的凍意了。但是，當你拿著擰乾的抹布，認真地擦拭室內，進行打掃的時候，你感覺你的身體漸漸暖和起來，那表示你是『活著』的，你也感覺到自己的生命了。」

有一句禪語叫「冷暖自知」。不管是寒冷還是暖和，不用自己的身體去體

驗，就不會有感覺。只是用頭腦去做理解，是得不到真正感覺的。「冷暖自知」這句話，就是用來告訴我們親自體驗的重要性。

現代社會愈來愈像虛擬的世界，到處都是便利性的東西，只要付了錢，就可以得到便利。但是，**當我們得到便利的同時，通常也會失去某個重要的什麼。**

我沒有要否定所有便利性的意圖，也有很多便利性豐實了我們的心靈。我只是想說：不要太依賴便利性。每個人的生活裡都有許多大大小小的不方便之處，不要完全用錢去解決那些不方便。

我勸各位試著用自己的身體與頭腦去解決那些不方便，那麼我們的身體就會累積出處理不方便的經驗，那些經驗一定能成為我們生活中的力量。不要依賴物質，要依賴自己本身的力量。我相信這會讓我們變得更有自信。

偶爾也選擇一下不方便的方式過生活吧！幸福的小種子會在那裡落地生根的。

沒有錢與不幸福，是截然不同的兩件事

發現幸福的捷徑，就隱藏在「負面」的背後

二次大戰後，美國式的價值觀大舉入侵到日本。用一句話來形容這個價值觀的話，就是「東西愈多愈幸福」的想法，也就是「生活在有錢可以買許多東西，讓自己置身於那麼多東西之中」的價值觀。

不覺得這種想法有點奇怪嗎？開始有愈來愈多的年輕人注意到這一點，我覺得這是很好的傾向。

但是，現實裡，還是有很多人被這種美國式的幸福感所迷惑，覺得有錢就幸福，並且相信沒有錢就是不幸。沒有錢的時候，生活確實會出現困難，必須忍耐想吃東西卻不能吃的痛苦，當然也得不到想要的東西。或許還要擔心「這個月的薪水比較少，怎麼辦呀」。

但是，請再想想看，擔心錢少而不知怎麼辦，就是不幸的事嗎？想吃卻吃不到，就是不幸的事嗎？希望大家能注意到，事實上那根本是兩回事。

因為錢不夠用而傷腦筋，真是那樣的話，去賺足不夠的部分，不就好了嗎？如果不夠三萬圓，那就去打工，把三萬圓賺到手！要打工賺十萬圓或許不容易，但打工賺個兩萬、三萬圓，應該不是太困難的事情。如果沒有辦法去打工，那就節儉三萬圓的開銷，少花三萬圓，這樣也是可以的。

覺得錢不夠用，那就去打工。覺得手邊的錢太少，那就節儉過日。打工是不幸的事嗎？節儉是不幸的事嗎？不管是打工還是節儉，都與幸福或不幸無關。因為在意那些無關的事情，所以才會因為沒有錢而感到不幸吧？

例如：因為沒有錢，所以不能出國去旅行，有些人會因此而感嘆。如果真的想出國去旅行，那就節儉一點地存錢，存夠了錢就可以去旅行。如果無法節儉，那就放棄出國旅行的念頭！答案不是很簡單嗎？

誰都會想去旅行，想稍微離開日常的生活，去接觸一下以前沒有見過的世界。而且，旅行似乎能夠消除我們日常生活的壓力。

但是，並不是出國或去遙遠的地方才是旅行。即使沒有錢，只能有小小的出遊，那也是旅行，也能帶給我們快樂。

平常上下班搭乘的電車也可以帶著我們去旅行。搭上相同的電車，只要行駛的方向與公司相反，電車也可以帶著我們去旅行。大約在間隔三站左右的車站下車後，我們眼前所見的，應該就是與平日所見不同的街景了。

在不同的街景裡逛逛不熟悉的街道，找一家突然看到、卻覺得舒適的餐廳，進去吃個午餐吧！如果覺得在外面餐廳吃很花錢，也可以在家裡捏幾個飯糰，坐在第一次前往的小河畔，邊欣賞著風景邊吃自己捏的飯糰。那樣的小旅行一定可以讓人的心情感到平和、舒緩！

有一種人在周圍人的眼中是很幸福的，但他自己卻一天到晚嘟囔著沒有錢、很不幸。這種人會說：「去年出國旅行三次，今年到現在一次也沒有去。沒有錢，去不了。啊！我現在好可憐呀！」

我覺得這種人不管什麼時候都得不到幸福感，因為他一直在找不幸福的種子。只要稍有一點負面的事情，他就會馬上和不幸做連結。說這種人是「不幸思考者」也不為過。

把發生在自己周圍負面的事情，轉變成正面的事情，這才是禪的基本思考方式。乍看之下是負面的事情，其背後一定隱藏著可以轉變成正面的因子。尋找那個正面的因子，就是發現幸福的捷徑。

幸福不會以金錢或物質的形象存在

因為錢不夠用，所以必須去打工，這絕對不是什麼不幸的事情。在打工的時候，也會遇到溫暖的緣分。因為透過打工的機會，你很可能得到以前沒有的某種經驗。而節儉這件事，或許會讓你發現自己以前的生活太浪費了。

沒有錢，絕對不只是負面的事情，是你自己覺得那是負面的事，所以才會變成負面的事。反過來看，也有人很有錢，卻還是覺得自己不幸，很多人雖然有錢，卻過著沒有充實感的生活；也有人雖然有錢，卻陷入沒有必要的不幸之中。

我並不是為了要安慰沒有錢的人，才說這些話。我只是想說：**有錢、有物質，與幸或不幸，是完全沒有關係的兩回事**。這就是禪語說的「心外無別法」。

幸福或不幸這種東西，不會以有形的形式出現，也不會寄宿在錢或物質這種有形物體的上面。因為幸福或不幸這種東西，是由心來做決定的。煩惱或不安的事也一樣，是由心來做決定的。所有的現象，皆由心生。這就是「心外無別法」的意思。

不只是對金錢，覺得有什麼不足的時候，就努力去補足那個什麼，努力地去進行補足的行動就好。真正的幸福就寄宿在拚命般的努力之中。一味地收集不幸的種子，是不會開出幸福的花朵的。

來！現在就把心切換到正面的方向吧！

結語——

錢不過是為了讓人生過得更豐富的道具

「可以以金錢為主題，寫一本與禪的教養有關的書嗎？」收到負責本書的編輯——美野晴代小姐的委託時，老實說我是忐忑不安的。

不可以對任何事情有執著的想法，是做為僧侶的基本態度，而僧侶的修行，就是要一點點地去除執著心。要捨棄所有的慾望很困難，但總是要藉著修行，一步步地接近那個境界。

我能夠站在這樣的立場上，完成一本以象徵慾望的金錢為主題的書嗎？我對這個委託感到再三猶豫。

這個時候突然閃過我腦海的，是盤據在現代社會的自我中心的想法。從前的日本人，有著根深蒂固、應該與周圍的人互助的精神，富裕的人會幫助貧窮的人，不會有只要自己好就好的想法。當大家都有那樣的想法時，人們不會把自己得到的錢完全留在身邊，會拿出一部分給地方或其他人，並且深信這是理所當然的事。

然而，利己價值觀盛行的現代，卻只要自己好就好，還把「勝利組」、「失敗組」這種沒有修養的話掛在嘴邊。在資本主義社會裡，確實無法避免這種等級的區分。但真正重要的是，我們應該如何接受這種等級的區分，社會應該如何消化這樣的區分，不是嗎？

我們可以棄被稱為弱者的人於不顧嗎？可以讓擁有資本的人肆無忌憚地為所欲為嗎？我們應該怎麼做才好呢？我希望人們可以透過對使用金錢的瞭解，好好地思考這個問題。於是，我接受了委託，開始執筆寫這本書。

「金錢」到底是什麼樣的東西？

在認真思考這個問題後，我好不容易找到兩個答案。

其一是：金錢是生不帶來，死不帶去的東西。不管我們存了多少錢，都無法帶到死後的世界。人出生的時候，是雙手空空而來，死的時候也一樣，是雙手空空而走。我發現：執著於到了最後都必須放下的「東西」，真的是完全沒有意義的事情。

其二是：金錢是像「空氣」般存在的東西。沒有空氣的話，我們就活不下去，所以金錢也是活下去時不可或缺的重要東西。但是，我們常常不會意識到空氣的存在。如果我們太在意空氣的存在，可能會造成過度呼吸的毛病。所以，我們對待金錢也應該像對待空氣一樣才好吧！

為了過每天的生活，所以不能沒有錢。但是太注意金錢的存在時，就會發生對金錢過度呼吸的情形——忘了為周圍的人而活，只想著自己好就好的慾望過度呼吸。那種時候，真正的幸福就會離我們愈來愈遠。

金錢不過是為了豐富我們的人生而存在的一個道具，所以不要以獲得金錢做為人生的目標。或許有人認為「金錢」是「虛有其表」的事，但是，假使把我們心中的那個「虛有其表」的事都拿掉，我覺得那也是令人感到悲傷的事。

對自己來說，金錢到底是何物呢？應該用什麼心態來面對金錢呢？藉著手裡拿著本書的機會，希望讀者們就像在思考自己的人生一樣，好好、細細地思考這些問題。

最後，請回想一下本書開始時所提到的兩個養牛人的故事。

你想走哪一位養牛人的路呢？對自己來說，幸福又是什麼呢？如果本書能讓各位思考這些問題，我覺得何其榮幸。

合掌。

國家圖書館出版品預行編目 (CIP) 資料

對錢好一點：讓金錢流動，為你創造想過的生活 / 枡野俊明著；郭清華譯 . -- 二版 . -- 臺北市 遠流出版事業股份有限公司 , 2023.08
面； 公分
ISBN 978-626-361-176-4(平裝)
1.CST: 禪宗 2.CST: 生活指導 3.CST: 佛教修持

226.65　　112010282

對錢好一點　人生の流れが美しくなる　禅お金の作法
讓金錢流動，為你創造想過的生活（《不為錢煩惱的老後》新修版）

作者——枡野俊明
譯者——郭清華
總編輯——盧春旭
執行編輯——黃婉華
行銷企劃——鍾湘晴
美術設計——王瓊瑤

發行人——王榮文
出版發行——遠流出版事業股份有限公司
地址——104005 台北市中山北路一段 11 號 13 樓
客服電話——(02)2571-0297
傳真——(02)2571-0197
郵撥——0189456-1
著作權顧問——蕭雄淋律師
ISBN —— 978-626-361-176-4

2017 年 5 月 1 日 初版一刷
2023 年 8 月 1 日 二版一刷
2023 年 12 月 13 日 二版三刷
定價——新台幣 360 元
（缺頁或破損的書，請寄回更換）

YLib 遠流博識網 http://www.ylib.com
E-mail: ylib@ylib.com
遠流粉絲團 https://www.facebook.com/ylibfans